あえて、多くの子供英会話の問題点を指摘させていただくとすれば、ネイティブスピーカーの「音」から学ぶことにこだわりすぎて、便利で効率的な文字からの学習をあまりしないことです。2年間通っているのに、monkeyという単語が読めない、be動詞の使い分けもできないというのは考えものです。

「言語は耳から」にこだわりすぎるよりも、バランスよく「目」「手」「口」「耳」の学習をミックスするのが理想です。

本書で学ぶこと

本書は、子供たちが将来グローバルな環境で英語を使って活躍できるように、**きちんと通じる発音を学ぶ**ためのドリルで、標準的なアメリカ英語発音を基準に作成してあります。そして、とかく敬遠されがちな**発音記号**ですが、日本語の**カタカナでは、英語の音を正確に表すことはできません**。つまり、英語の発音をきちんと正しく身につけるには、発音記号を使うのがとても**効率的で効果的**なのです。

そこで、子供たちが発音記号と早くから親しみ、なじめるように、これを**キャラクター化**し、楽しみながらマスターできるように工夫をしました。

本書では主に、以下のようなことが学習できます。

~ 第1ステージ ~
- 必要最小限の大切な**英語特有の音**を、キャラクターを使って発音記号とともに学ぶ
- その音を含む**基本的な単語**の発音をできるようにする

~ 第2ステージ ~
- 日本人が**苦手なまぎらわしい英語の音**を、ミニマルペアを多く使用することによって、**分けて発音**できるようにする、または、**聞き取る**ことができるようにする
- **基本的な単語**の聞き取りと発音ができるようにする

~ 第3ステージ ~
- リンキングや脱落のような、英語の**音声現象**を、理屈ではなく耳で聞いて覚え、それを**発音**できるようにする。
- これによって、日本人特有の「スペースで分けて平坦に読むクセ」を排除する

言語の習得は10年計画だ！

外国語の習得は長期戦です。まだ日本語の習得も終わっていないうちから、外国語で焦りすぎる必要はありません。**大切なのは、成長ステージに応じて「ちょっとだけ」先取りをしながら進んでいくことです**。そして母語のベースができてから、英語の学習量を一気に増やせばいいわけです。

今の段階では、「**英語が楽しい**」「**周りよりもちょっとできる**」**そんな感覚をお子さんに持たせることがいちばん大切です**。この「**ちょっとだけ先取り主義**」が成功の鍵なのです。

本書がきっかけとなり、未来の「英語の達人」たちがたくさん生まれることを願います。

安河内哲也

この本を手にとったみんなへ

英語をべんきょうすると楽しいことがいっぱいあるよ

みんなは「英語」ってきくとどんなことをイメージしますか。

「話せるとカッコいい」

「またひとつ科目が増えるなんてたいへんだあ」

そんな声がたくさん聞こえてきそうです。

「英語はアメリカのことばだよね」ってかんがえたひとも多いかもしれません。

でも、英語はどこかひとつの国のことばではありません。

英語は、「世界のことば」なのです。

みんなと同じように、世界中の生徒が英語をべんきょうしています。

だから、英語ができるようになると、世界中のお友だちと話せるようになるのです。

じつは、日本語の音と英語の音は大きくちがっているので、日本語の音に当てはめて英語を発音すると、言葉が通じないということがよくあります。

だから、この本の中では、みなさんが伝えたいと思うことばが世界の人たちに通じるように、日本語にはなくて英語にはある音や発音のしかたを、いっしょにべんきょうしていきましょう。

ただし、英語のべんきょうはこれから何年もやるのだから、小学生のみんなは、まだよくばるひつようはありません。

いちばんたいせつなことをちょっとだけ先取りしてはじめましょう。

どんなべんきょうでも、「ちょっととくいだ!」ってきもちがあると、とっても楽しくなります。

このドリルでべんきょうするみんなが、英語がだいすきになって、しょうらい、日本と世界が仲よくするために、たくさんかつやくしてくれることをねがっています。

安河内哲也　　中西智子

もくじ

保護者のみなさんへ

この本を手にとったきみへ……………2
本書の使いかた………………………4

第1ステージ
英語音モンスターをハントせよ！

モンスターファイル	1	【æ】	エアドウジー………8
モンスターファイル	2	【ɑ】	アクビオー…………10
モンスターファイル	3	【ɔː】	アクチデオー………12
モンスターファイル	4	【i】	イトエモン…………14
モンスターファイル	5	【iː】	イーダー……………16
モンスターファイル	6	【u】	ウオポン……………18
モンスターファイル	7	【uː】	口笛鳥………………20
モンスターファイル	8	【e】	エデイーヨ…………22
モンスターファイル	9	【ʌ】	クチポカン…………24
モンスターファイル	10	【ə】	ポカンヅマリ………26
モンスターファイル	11	【əːr】	オクベロア…………28
モンスターファイル	12	【ɑːr】	ヒトイキサン………30

番外モンスター
【ei】エイちゃん　【ai】アイちゃん
【ou】オウちゃん………………………32

モンスターファイル	13	【l】	エルラーラ…………34
モンスターファイル	14	【r】	アルラーラ…………36
モンスターファイル	15	【ŋ】	ハナデング…………38
モンスターファイル	16	【s】	クーキースー………40
モンスターファイル	17	【f】	ハオキフー…………42
モンスターファイル	18	【v】	ブルブルドン………44
モンスターファイル	19	【θ】	イキノオトン………46
モンスターファイル	20	【ð】	ザノキブン…………48
モンスターファイル	21	【ʃ】	オシズカニー………50
モンスターファイル	22	【ʒ】	ユッタリージー……52
モンスターファイル	23	【tʃ】	チェ・ナンダ………54
モンスターファイル	24	【dʒ】	ジュニテール………56
モンスターファイル	25	【j】	ヤィヤィヤン………58

第2ステージ
単語を使って英語音をモノにせよ！

英語音 クイズルーム❶……………62
英語音 クイズルーム❷……………64
英語音 クイズルーム❸……………66
英語音 クイズルーム❹……………68
英語音 クイズルーム❺……………70
英語音 クイズルーム❻……………72
英語音 クイズルーム❼……………74
英語音 クイズルーム❽……………76
英語音 クイズルーム❾……………78

第3ステージ
早口トレーニングで耳と口をきたえよ！

英語早口 チャレンジ❶……………82
英語早口 チャレンジ❷……………84
英語早口 チャレンジ❸……………86
英語早口 チャレンジ❹……………88
英語早口 チャレンジ❺……………90
英語早口 チャレンジ❻……………92
英語早口 チャレンジ❼……………94

本書の使いかた

実際の勉強に入る前に、この本の使いかたを教えるよ。

第1ステージ 英語音モンスターをハントせよ！

- ここで学ぶ英語の音を表す発音記号だよ
- 英語音モンスターの特徴をチェックしよう！
- 左のページで学習した英語音が入っている単語を、CDで聞いて、まねをして発音練習しよう
- 英語音モンスターの攻略法をしっかり身につけよう！
- CDと同じ音で言えるようになったら、モンスターをぬりつぶそう

第2ステージ　単語を使って英語音をモノにせよ！

発音記号を見ながらCDを聞いて、音がとても似ている2つの単語を発音練習しよう。赤文字部分にとくに注意しよう。音声は、「番号→英語→練習時間→英語（確認用）」の順で流れるよ

ステップ1と2で練習したペアの単語のうち、片方が読まれるので、どっちが読まれているかを当てるクイズに挑戦しよう

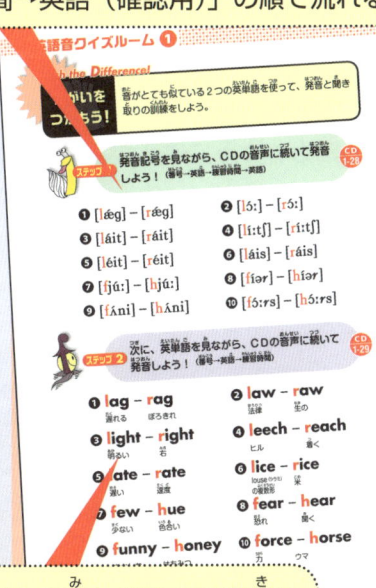
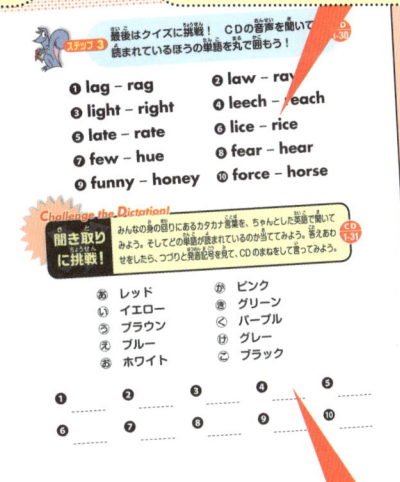

英語のつづりを見ながらCDを聞いて、発音練習しよう。赤文字部分にとくに注意しよう。音声は、「番号→英語→練習時間」の順で流れるよ

もう1つクイズに挑戦。みんなの身の回りにあるカタカナ言葉を、正しい英語で聞いてみよう。どの単語が読まれているのか、「あ〜こ」の中から選ぼう。答えあわせをしたらもう1度CDを聞いて、まねして発音練習しよう

第3ステージ　早口トレーニングで耳と口をきたえよ！

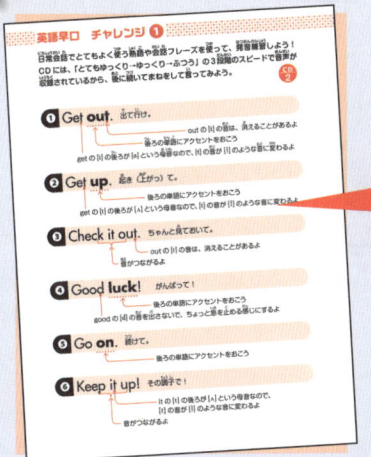

いろいろな英文を使って発音練習するよ。音がつながったり消えたりするところを少し意識しながら、CDの音をまねして練習しよう。音声は、「番号→（日本語）→遅い英語→練習時間→普通の速さの英語→練習時間→速い／リアルな英語→練習時間」の順で流れるよ。（チャレンジ❶〜❹：日常会話フレーズ　❺❻：名言や名セリフ　❼：マザーグース）。

※わからないところは保護者の方に教えてもらってね。

たいせつなこと

> ## " 英語の音と日本語の音のちがい "

みんなの中には、「ローマ字」を勉強した人もたくさんいるでしょう。
「ローマ字」は、日本語の音を外国の人にも読めるようにするための方法で、道路やお店のかんばん、駅などでよく見られるよね。

でも、「ローマ字」はあくまでも日本語をむりやり英語にあてはめたものだから、これから英語を正しく読むためには、日本語をローマ字で読むときとのちがいを、ちゃんと知らなくちゃいけないよ。

そこでまず、「母音（ぼいん）」と「子音（しいん）」というものをおぼえよう。

> 母音を表す文字→ a / i / u / e / o（日本語なら「アイウエオ」）
> 子音を表す文字→それ以外の文字。t「ツッ」k「クッ」などの音

たとえば、「たこ」という日本語をローマ字で書くと、

> tako

となるよね。ぶんかいすると、こうなるよ。

> t（子音）＋ a（母音）＋ k（子音）＋ o（母音）

最後が母音で終わっているよね。日本語の単語はこんなふうに、母音でおわることがとても多いんだ。

ではつぎに、英語を見てみよう。「ぼうし」といういみの単語だよ。

> hat

この単語の最後の音である t は、日本語の「ト（to）」と、母音の o をつけては読まないんだ。子音の t でみじかく「ツッ」みたいにとめる。

こんなふうに、子音でおわる英語を読むときには、さいごに母音をつけないで、子音でみじかく、かっこよくとめるんだよ。CDの音をまねして、何度も練習していこうね！

第1ステージ

ミッション
英語音モンスターをハントせよ！

英語の音は、日本語の音に似ているものもあるけど、日本語にはない、まったく違う音がたくさんあるんだよ。
　ここでは、とくに大切な英語の音を身につけるために、25匹の英語音モンスターをハントしてもらうよ！　まず、それぞれのモンスターの特徴や攻略法をしっかり頭に入れて、楽しみながらモンスターハントしちゃおう！

モンスターファイル ❶

æ エアドウジー

aの字を強く読むときによく出現するよ。「エ」と「ア」を同時に出すようだよ。

手ごわさ	★★★
出現しやすさ	★★★
属性	母音／有声音

特徴

aというつづり字を強く読むときは、この音になることが多いよ

攻略法

まず、口を横にしっかり開いて「エ」と言ってみよう。つぎに、その口のまま「ア」と言ってみよう！「エ」と「ア」の間のような音、または「エア」をくっつけて同時に言ったような音が出たら正解！ この音は、少し鼻にかかったような高めの音で、ゆっくり長めに出そうね。

イラストですばり！
æの攻略スタイル!!

モンスターをハントせよ！

エアドウジーたちが英単語を言っているよ！　CDを聴いて、まねをして言ってみよう。CDと同じ音で言えるようになったらOK! 下の🌀をぬりつぶしていこう！　全部ぬりつぶせたら、次のモンスターのもとへ！

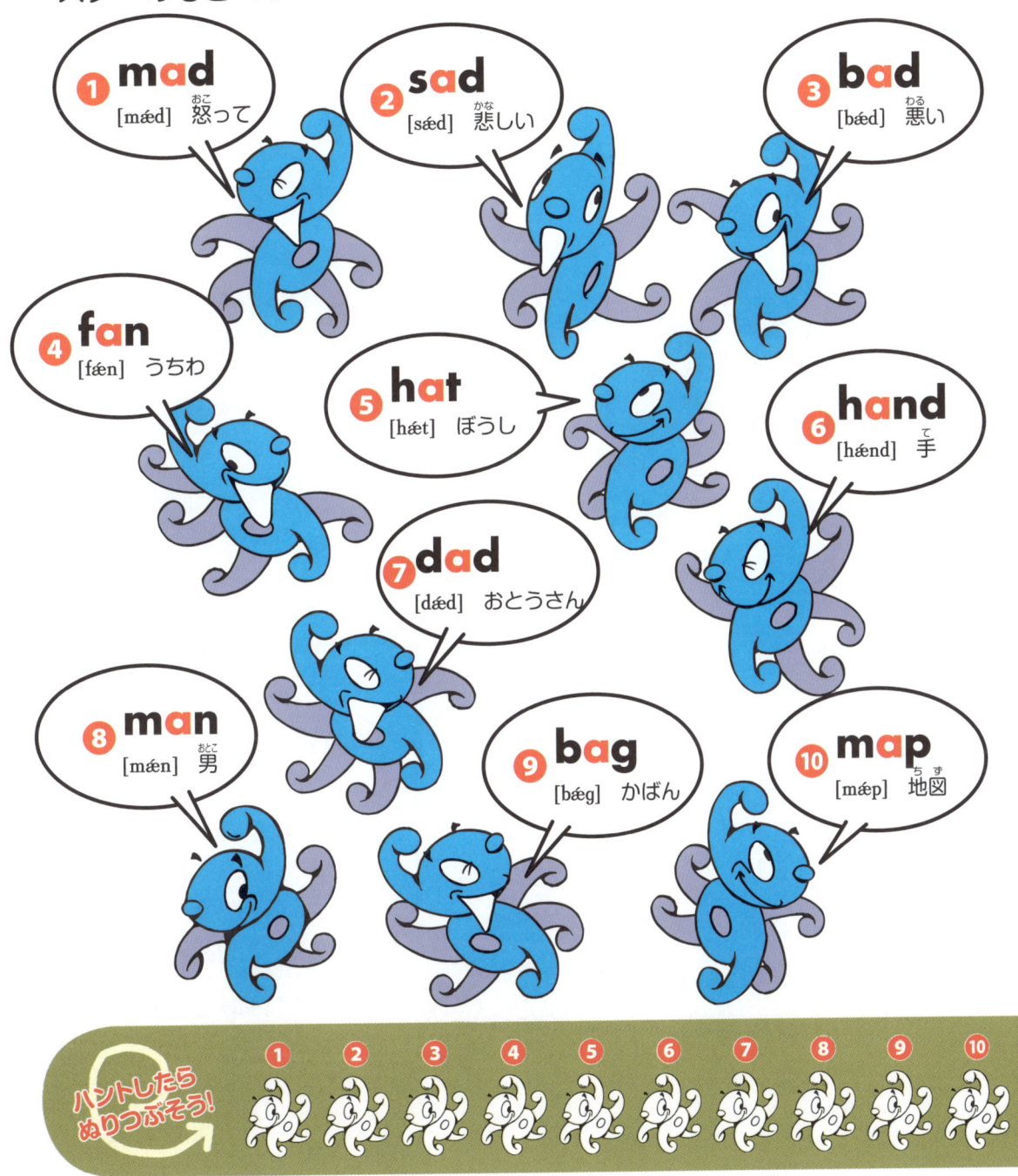

モンスターファイル ❷

a アクビオー

oの字でよく出現するよ。「アー」に「オー」がまざったみたいだって！

手ごわさ	★★★
出現しやすさ	★★★
属性	母音／有声音

特徴

oというつづり字を、強く読むときは、この音になることが多いよ

攻略法

まずは、大きく口を開けてあくびをしてみよう。口をたてに大きく開けてね。そのまま、「アー」って言ってみよう！　そうすると、「オー」のような音もまざったように聞こえるのではないかな？そんな感じの、「ア」と「オ」の間のような音で、カラスの鳴き声みたいな音なんだ。

イラストですばり！
a の攻略スタイル!!

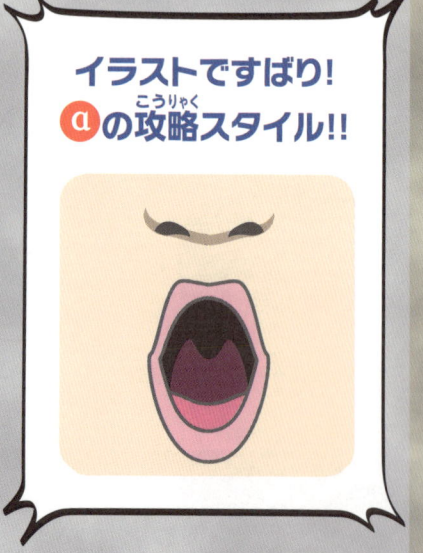

モンスターをハントせよ！ CD 1-3

アクビオーの口から出た10の単語を打ち落とそう！ CDを聴いて、まねをして言ってみよう。CDと同じ音で言えるようになったらOK! 下の👤をぬりつぶしていこう！ 全部ぬりつぶせたら、次のモンスターのもとへ！

① **stop** [stáp] 止まる
② **mom** [mám] お母さん
③ **box** [báks] 箱
④ **dock** [dák] はとば
⑤ **hot** [hát] 暑い
⑥ **top** [táp] てっぺん
⑦ **doll** [dál] 人形
⑧ **fox** [fáks] キツネ
⑨ **lot** [lát] たくさん
⑩ **want** [wánt] 欲しい

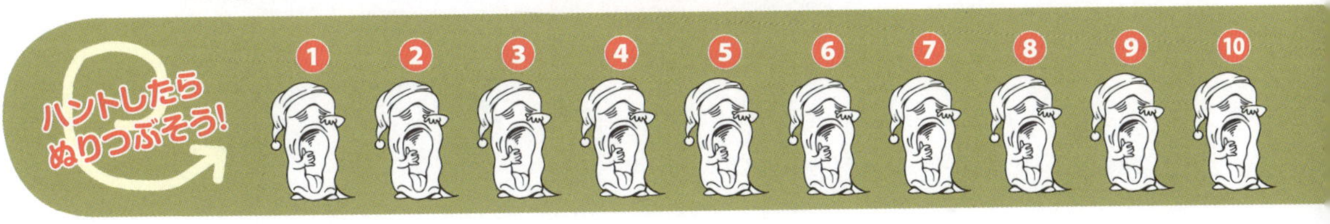

ハントしたらぬりつぶそう！

モンスターファイル ❸

a や o の字でよく出現するよ。「ア」の口なのに「オ」の音だって！

アクチデオー

手ごわさ	★★☆
出現しやすさ	★★
属性	母音／有声音

特徴

a/o/aw/au というつづり字を読むときは、この音になることが多いよ

攻略法

「ア」の口をして「オ」と言ってみよう！　大きく口を開けたままにすると、くちびるだけが前に突き出そうとして力が入るのではないかな？　「オ」に近いけど「ア」が少し入ったような音になっていればOKだよ！

イラストでずばり！
アクチデオーの攻略スタイル!!

モンスターをハントせよ！

10の単語を身に付けて、**アクチデオー**とのけいやくを成立させよう！ CDを聴いて、まねをして言ってみよう。CDと同じ音で言えるようになったらOK! 下の🐱をぬりつぶしていこう！ 全部ぬりつぶせたら、次のモンスターのもとへ！

1. **all** [ɔ́:l] 全部
2. **ball** [bɔ́:l] ボール
3. **tall** [tɔ́:l] 背が高い
4. **wall** [wɔ́:l] かべ
5. **small** [smɔ́:l] 小さい
6. **talk** [tɔ́:k] 話す
7. **call** [kɔ́:l] 呼ぶ
8. **walk** [wɔ́:k] 歩く
9. **song** [sɔ́:ŋ] 歌
10. **cost** [kɔ́:st] 費用

ハントしたらぬりつぶそう！ ① ② ③ ④ ⑤ ⑥ ⑦ ⑧ ⑨ ⑩

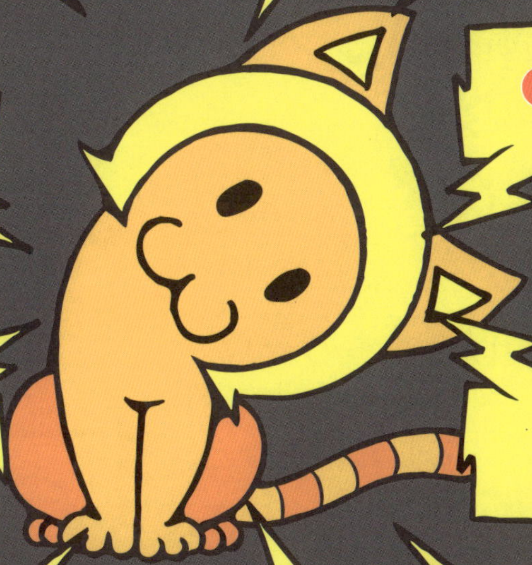

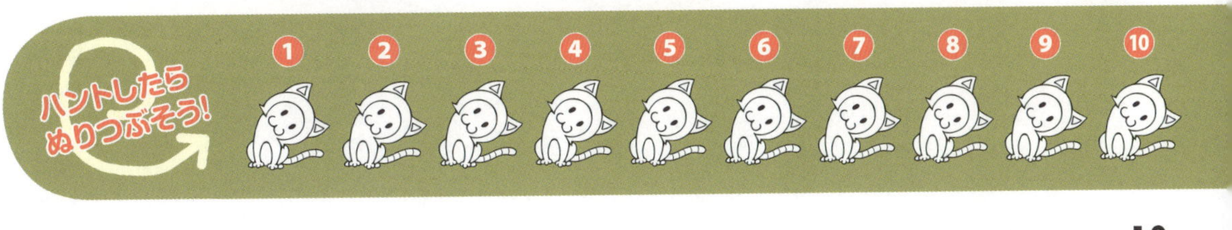

モンスターファイル ❹

i イトエモン

iの字でよく出現するよ。「イ」なのに「エ」で、口がちょっとだらけてる！

手ごわさ	★★★
出現しやすさ	★★★
属性	母音／有声音

特徴

iというつづり字を読むときは、この音になることが多いよ。yもこの音になることがあるよ

攻略法

「イ」という音に似ているけど、くちびるを横に引っぱらないで、少しだらけさせて言ってみよう。「イ」なんだけど「エ」みたいな、低めの短い音になったらOKだよ！

イラストですばり！ i の攻略スタイル!!

モンスターをハントせよ！

イトエモンの背中にある、単語が書かれたタイルを集めよう！CDを聴いて、まねをして言ってみよう。CDと同じ音で言えるようになったらOK！下の をぬりつぶしていこう！全部ぬりつぶせたら、次のモンスターのもとへ！

1. it [ít] それ
2. ink [íŋk] インク
3. hit [hít] 当たる
4. big [bíg] 大きい
5. sit [sít] 座る
6. sick [sík] 病気
7. pig [píg] ブタ
8. kid [kíd] 子ども
9. king [kíŋ] 王様
10. win [wín] 勝つ

モンスターファイル ⑤

iː イーダー

ee や ea の字でよく出現するよ。思いっきり言っちゃおう「イーダッ！」

手ごわさ	★
出現しやすさ	★★★
属性	母音／有声音

特徴

ee/ea/e というつづり字を強く読むときは、この音になることが多いよ

攻略法

まず、日本語でしっかりはっきり「イー」って言ってみよう！ いやな人やきらいなものに対して「イーダッ！」って言うときの感じだよ。高めの声を張り上げた、キーンとした音になっていればOK！ 音の長さを、短くして使うこともあるよ！

イラストでずばり！ iː の攻略スタイル!!

モンスターをハントせよ！

たいへん！ **イーダー**が単語を10発投げつけてきた！ がんばって打ち返そう！ CDを聴いて、まねをして言ってみよう。CDと同じ音で言えるようになったらOK！ 下の👾をぬりつぶしていこう！ 全部ぬりつぶせたら、次のモンスターのもとへ！

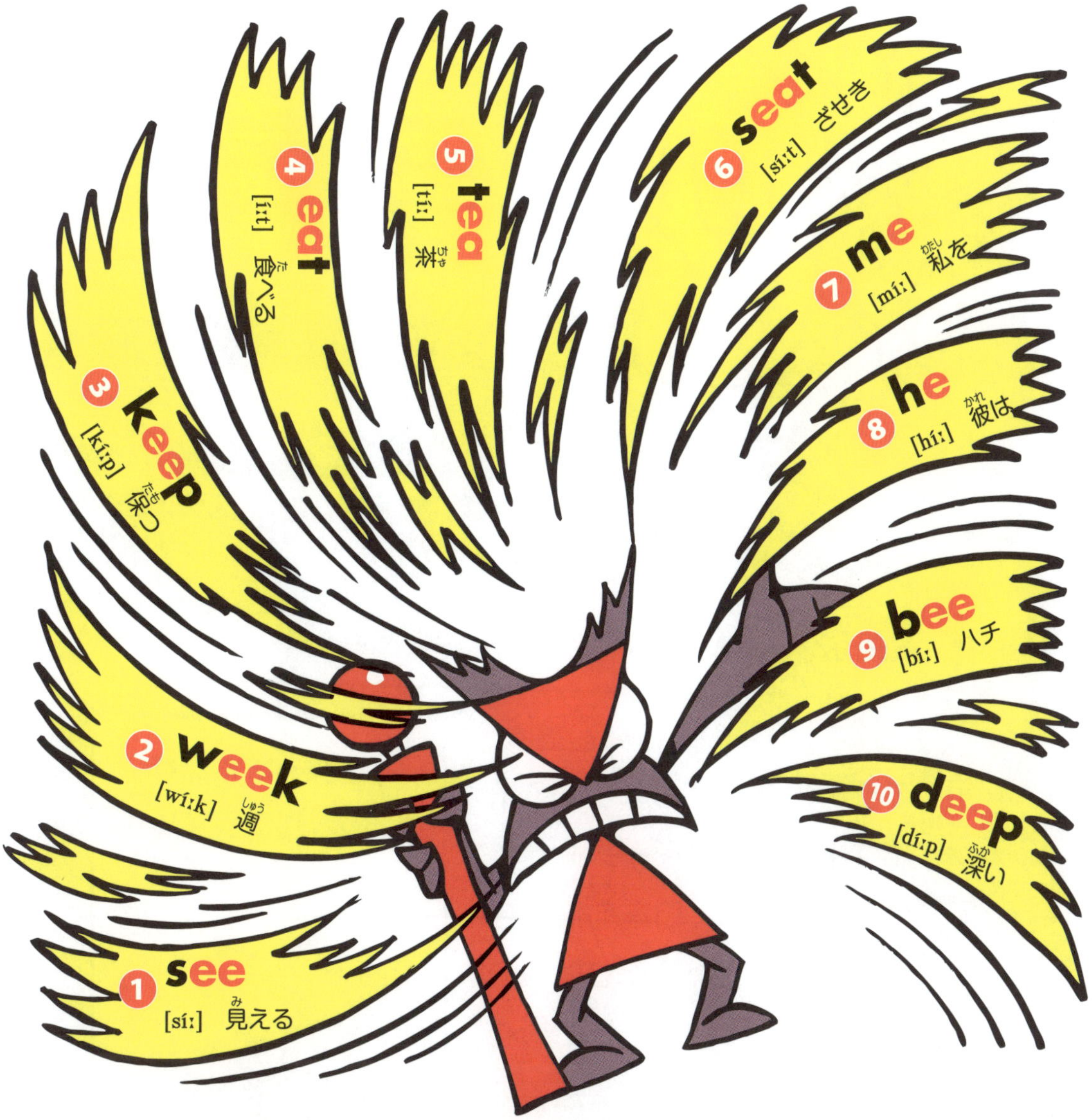

1. see [síː] 見える
2. week [wíːk] 週
3. keep [kíːp] 保つ
4. eat [íːt] 食べる
5. tea [tíː] 茶
6. seat [síːt] ざせき
7. me [míː] 私を
8. he [híː] 彼は
9. bee [bíː] ハチ
10. deep [díːp] 深い

ハントしたらぬりつぶそう！

モンスターファイル ⑥

u ウオポン

ooやuの字でよく出現するよ。「ウ」と「オ」の間の音をおなかからポン！

手ごわさ	★★
出現しやすさ	★★
属性	母音／有声音

特徴

ooやuというつづり字を短めに読むときは、この音になることが多いよ

攻略法

「ウ」と「オ」の間のような音だよ。短くて低めの音で、おなかからポンと出すような感じをイメージして言ってみよう！　口を前に突き出さないで、アヒルのくちばしのように、くちびるを上と下にめくるように意識すると、いい感じに出せるよ！

イラストでずばり！ⓤの攻略スタイル!!

モンスターをハントせよ！

宝箱に入っている、10の**ウオポン**入り単語を手に入れよう！CDを聴いて、まねをして言ってみよう。CDと同じ音で言えるようになったらOK！下のをぬりつぶしていこう！全部ぬりつぶせたら、次のモンスターのもとへ！

モンスターファイル ❼

uː 口笛鳥

ooやuの字でよく出現するよ。くちぶえを吹くイメージでバッチリ！

手ごわさ	★
出現しやすさ	★★★
属性	母音／有声音

特徴

oo/u/o/ouなどのつづり字を長めに読むときは、この音になることが多いよ

攻略法

とつぜんだけど、口笛を吹けるかな？ 吹ける人はそれで完璧。吹けない人は、ロウソクの火をふき消すときを思い出してみよう。くちびるに力を入れずに、前に突き出すときれいに出るよ！ 日本語の「ウ」よりも、鼻の下を伸ばした感じの口で「ウー」と言おう。

イラストですばり！ **uː**の攻略スタイル!!

モンスターをハントせよ！

口笛鳥がとまっている木にぶら下がっている10個の単語を回収しよう！　CDを聴いて、まねをして言ってみよう。CDと同じ音で言えるようになったらOK！　下の🦉をぬりつぶしていこう！　全部ぬりつぶせたら、次のモンスターのもとへ！

1. pool [púːl] プール
2. moon [múːn] 月
3. noon [núːn] 正午
4. soon [súːn] もうすぐ
5. zoo [zúː] 動物園
6. loose [lúːs] ゆるんだ
7. two [túː] 2
8. soup [súːp] スープ
9. you [júː] あなた
10. school [skúːl] 学校

ハントしたらぬりつぶそう！

モンスターファイル ❽

e エデイーヨ

eの字でよく出現するよ。日本語の「エ」でいいんだヨ〜！

手ごわさ	★
出現しやすさ	★★★
属性	母音／有声音

特徴

eというつづり字を、強く読むときは、この音になることが多いよ

攻略法

日本語の「エ」と同じでいいよ！この音が日本語にいちばん近い音だから、いちばんカンタンなんじゃないかな。ただし、「えーっと…」のように、なんとなく「エ」というのではなく、しっかりと口を開けてはっきりと「エ」と言ってみよう！

イラストですばり！eの攻略スタイル!!

22

モンスターをハントせよ！

CD 1-9

エディーヨの庭から単語を10個ひろっちゃおう！　CDを聴いて、まねをして言ってみよう。CDと同じ音で言えるようになったらOK！　下の🐍をぬりつぶしていこう！　全部ぬりつぶせたら、次のモンスターのもとへ！

1. **bed** [béd] ベッド
2. **egg** [ég] 卵
3. **pet** [pét] ペット
4. **get** [gét] 得る
5. **tent** [tént] テント
6. **desk** [désk] つくえ
7. **red** [réd] 赤い
8. **wet** [wét] ぬれた
9. **pen** [pén] ペン
10. **end** [énd] おわり

ハントしたらぬりつぶそう！　① ② ③ ④ ⑤ ⑥ ⑦ ⑧ ⑨ ⑩

モンスターファイル ❾

Λ クチポカン

uの字でよく出現するよ。口をポカンとあけて、口と舌の力をぬくべし!

手ごわさ	★★
出現しやすさ	★★★
属性	母音／有声音

特徴

uというつづり字を、強く読むときは、この音になることが多いよ。o や ou もこの音になることがあるよ。

攻略法

ボーッとテレビを見ているときみたいに、口をポカンと開けて、口と舌の力をぬこう！ 舌が見えるくらい前の方にくると、力がぬけやすいよ。その状態で、おなかの底からポンと声を出してみよう。「アッ」みたいで「ウッ」みたいで「オッ」みたいな、なんだかわけの分からない音が出たら正解！

イラストですばり！
Λ の攻略スタイル!!

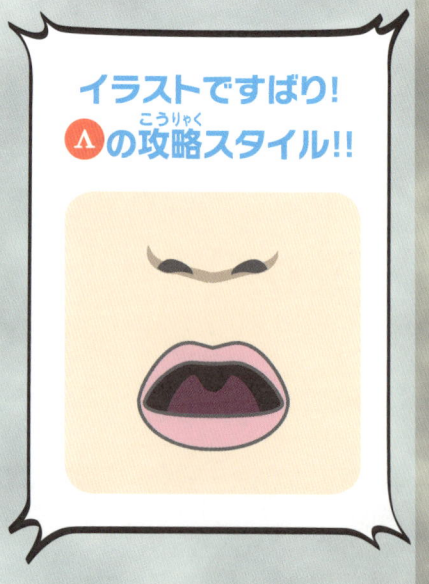

モンスターをハントせよ！

クチポカンの卵に書かれた単語を見て！ CDを聴いて、まねをして言ってみよう。CDと同じ音で言えるようになったらOK！ 下の🅰をぬりつぶしていこう！ 全部ぬりつぶせたら、次のモンスターのもとへ！

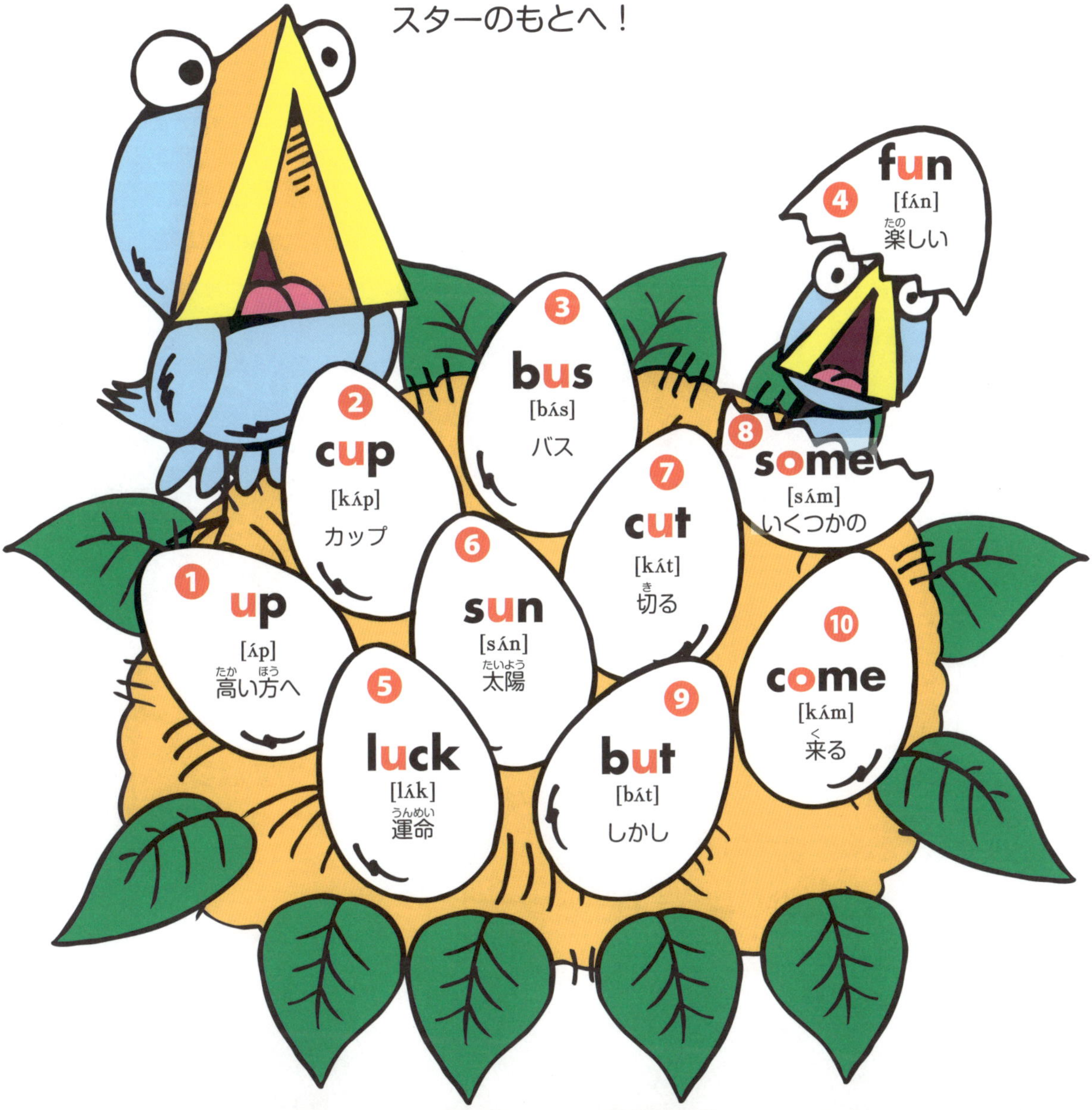

① **up** [ʌ́p] 高い方へ
② **cup** [kʌ́p] カップ
③ **bus** [bʌ́s] バス
④ **fun** [fʌ́n] 楽しい
⑤ **luck** [lʌ́k] 運命
⑥ **sun** [sʌ́n] 太陽
⑦ **cut** [kʌ́t] 切る
⑧ **some** [sʌ́m] いくつかの
⑨ **but** [bʌ́t] しかし
⑩ **come** [kʌ́m] 来る

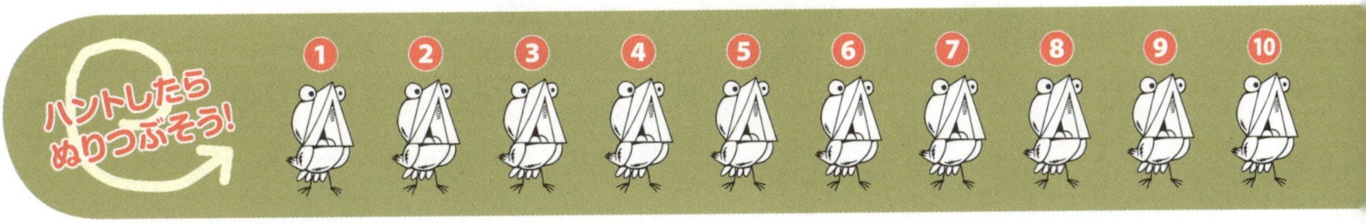

 ハントしたらぬりつぶそう！

①  ②  ③  ④  ⑤  ⑥  ⑦  ⑧  ⑨

モンスターファイル ❿

a や u の字でよく出現するよ。クチポカンの形で、つまった音がこいつだ！

ポカンヅマリ

手ごわさ	★★★
出現しやすさ	★★★
属性	母音／有声音

特徴

a/i/u/e/o/ou というつづり字を弱く読むときは、この音になることが多いよ

攻略法

[ʌ]と同じように口をポカンと開けて、口と舌の力をぬこう。その状態で、おなかの底から声を出すのだけど、口からはっきり出さず、飲みこむようにのどの奥で止めよう。口の形と声の出し方は[ʌ]とそっくりだから、「しっかり音を出すのが[ʌ]で、つまって出ないのが[ə]だ」と覚えよう。

イラストですばり！
ə の攻略スタイル!!

モンスターをハントせよ！

CD 1-11

箱の中にいる**ポカンヅマリ**の子どもたちを見て！ CDを聴いて、まねをして言ってみよう。CDと同じ音で言えるようになったらOK！ 下の🐛をぬりつぶしていこう！ 全部ぬりつぶせたら、次のモンスターのもとへ！

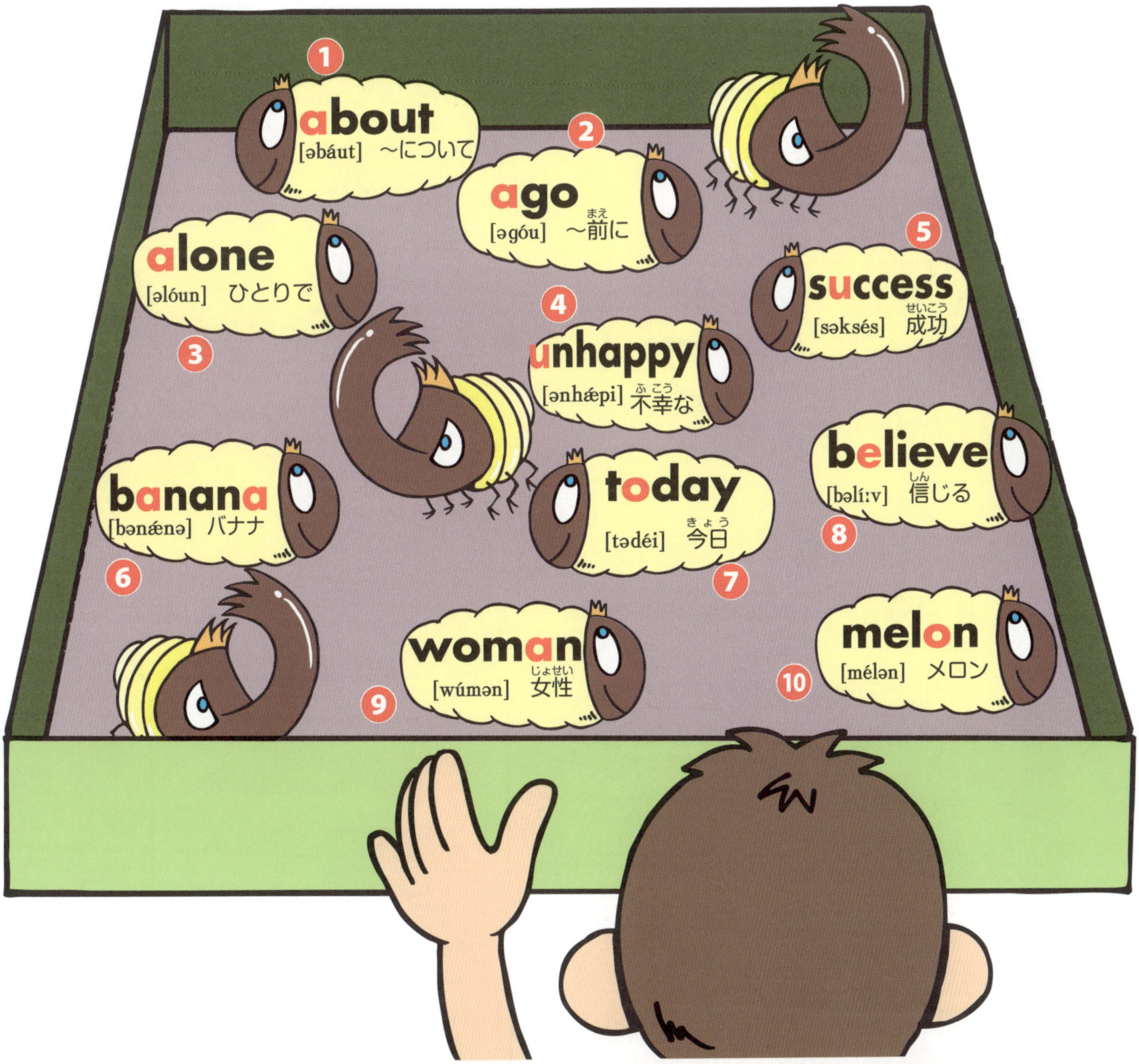

1. **a**bout [əbáut] 〜について
2. **a**go [əgóu] 〜前に
3. **a**lone [əlóun] ひとりで
4. **u**nhappy [ənhǽpi] 不幸な
5. **s**uccess [səksés] 成功
6. **b**anana [bənǽnə] バナナ
7. **t**oday [tədéi] 今日
8. **b**elieve [bəlíːv] 信じる
9. **wo**m**a**n [wúmən] 女性
10. **m**el**o**n [mélən] メロン

ハントしたらぬりつぶそう！

①  ② 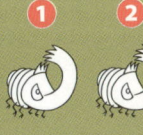 ③  ④  ⑤  ⑥  ⑦  ⑧  ⑨  ⑩

モンスターファイル ⑪

オクベロア

母音に r の字がつくときに出現することが多いよ。舌を思い切り奥に引いて出す音だよ。

手ごわさ	★★★
出現しやすさ	★★★
属性	母音／有声音

特徴

ir／ur／ear／or／er などのつづり字を読むときは、この音になることが多いよ。

攻略法

舌を上の奥歯に挟み込むくらい奥に引いてみよう。このとき、舌の先はどこにもくっつかないように。その状態で、唇に力を入れて「アー」と言うんだ。

イラストでずばり！ɚの攻略スタイル!!

モンスターをハントせよ！

オクベロア入りの単語が10個あるよ。CDを聴いて、まねをして言ってみよう。CDと同じ音で言えるようになったらOK！　下の🐯rをぬりつぶしていこう！　全部ぬりつぶせたら、次のモンスターのもとへ！

1. **n**u**rse** [nə́ːrs] 看護師
2. **g**i**rl** [gə́ːrl] 少女
3. **ea**r**n** [ə́ːrn] もうける
4. **w**o**rk** [wə́ːrk] 働く
5. **s**i**r** [sə́ːr] 先生
6. **t**u**rn** [tə́ːrn] 回す
7. **w**o**rd** [wə́ːrd] 単語
8. **f**u**r** [fə́ːr] 毛皮
9. **u**r**ban** [ə́ːrbən] 都市の
10. **b**u**rn** [bə́ːrn] 燃える

ハントしたらぬりつぶそう！　① ② ③ ④ ⑤ ⑥ ⑦ ⑧ ⑨ ⑩

モンスターファイル ⑫

ɑːr ヒトイキサン

ar の字を読むときによく出現するよ。2つの音を、一息で出すよ。

手ごわさ	★★★
出現しやすさ	★★
属性	母音／有声音

特徴

ar というつづり字を読むときは、この音になることが多いよ。

攻略法

①口を大きく縦にあけ、舌は前で [ɑ] の音を出す。
②すぐに舌を後ろに引いて、[ɚː] の音を出す。
この①と②を続けて一息で言おう。2つの音が自然に変わっていくように。アクセントは [ɑ] に置くけど、この音は長くしないで！

イラストでずばり！
ɑːr の攻略スタイル!!

モンスターをハントせよ！

ヒトイキサンたちが英単語を言っているよ！ CDを聴いて、まねをして言ってみよう。CDと同じ音で言えるようになったらOK! 下の🦆をぬりつぶしていこう！ 全部ぬりつぶせたら、次のモンスターのもとへ！

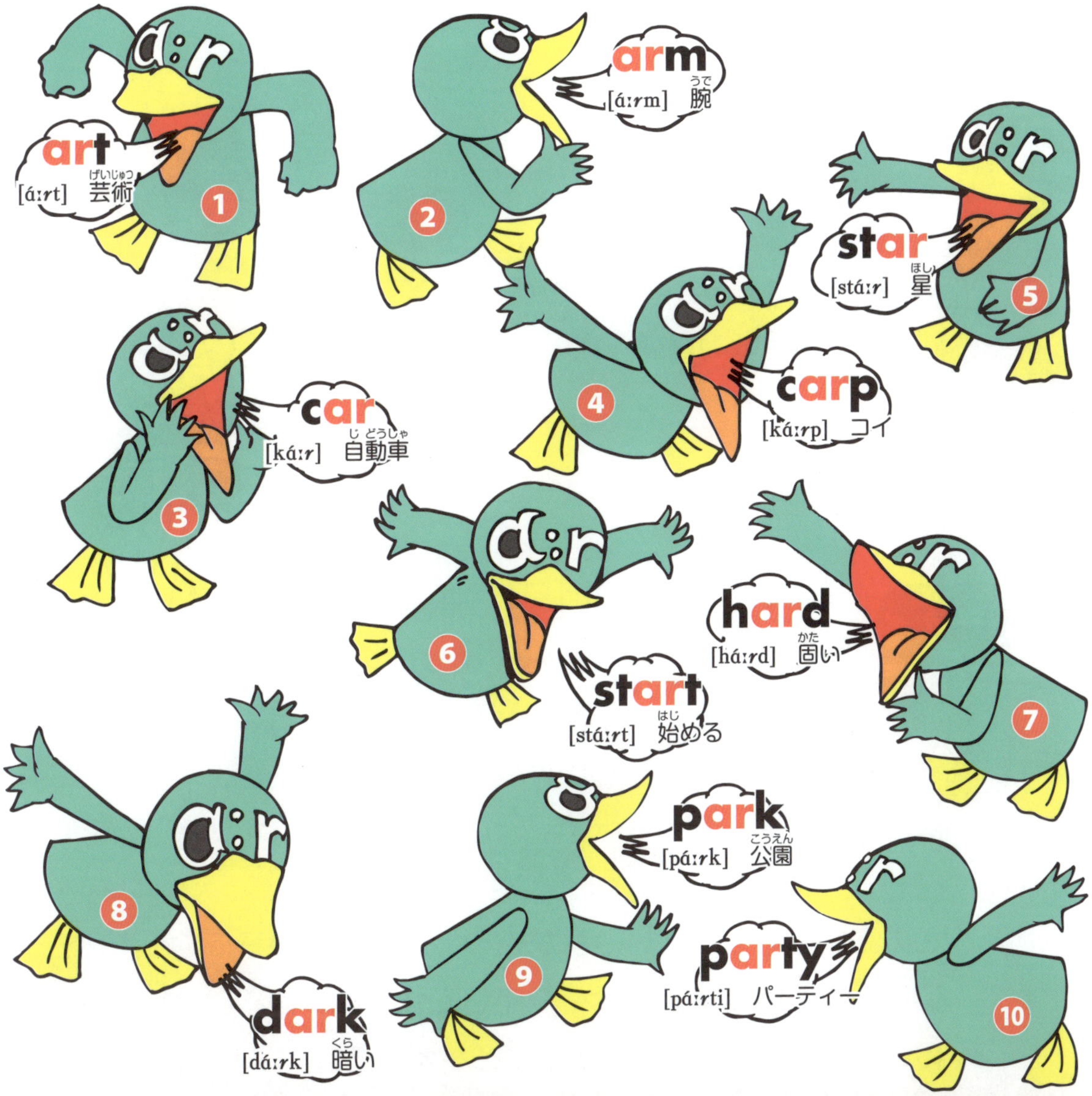

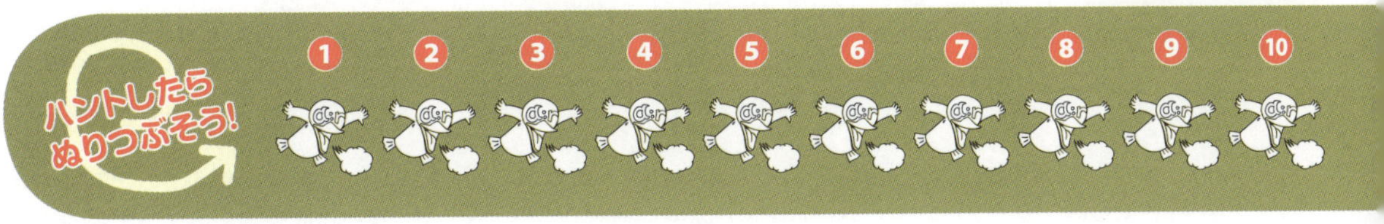

1. **art** [áːrt] 芸術
2. **arm** [áːrm] 腕
3. **car** [káːr] 自動車
4. **carp** [káːrp] コイ
5. **star** [stáːr] 星
6. **start** [stáːrt] 始める
7. **hard** [háːrd] 固い
8. **dark** [dáːrk] 暗い
9. **park** [páːrk] 公園
10. **party** [páːrti] パーティー

ハントしたらぬりつぶそう！

番外モンスター

2つの母音がくっついて1つの音になる、二重母音のモンスターが出現だ!

ei エイちゃん

ai アイちゃん

ou オウちゃん

特徴

[ei]はa、[ai]はi、[ou]はoやoaというつづり字でよく出てくるよ。

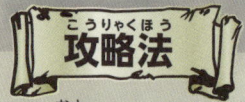

攻略法

この3つの音は、2つの音がくっついて1つの音になっているんだ。前の音で長さを調節して強弱をつけるよ。後ろの音は、とても短い音にすることが大切だよ。[ei]は[e]と[iː]、[ai]は[a]と[iː]、[ou]は[ʌ]と[uː]を、それぞれスムーズに続けて言おう。

モンスターをハントせよ！

エイちゃん、**アイちゃん**、**オウ**ちゃんが入った英単語を聴いて、まねをして言ってみよう。CDと同じ音で言えるようになったらOK! 下の🪁💟👑をぬりつぶしていこう！ちょっと多いけどがんばって！

① **a**ge [éidʒ] 年
② c**a**ke [kéik] ケーキ
③ b**a**ke [béik] 焼く
④ t**a**ke [téik] 取る
⑤ n**a**me [néim] 名前

⑥ **i**ce [áis] 氷
⑦ b**i**te [báit] 噛む
⑧ k**i**nd [káind] 親切な
⑨ t**i**me [táim] 時
⑩ m**i**ne [máin] 私のもの

⑪ g**o** [góu] 行く
⑫ **o**pen [óupən] あける
⑬ n**o**te [nóut] メモする
⑭ b**o**at [bóut] ボート
⑮ c**o**at [kóut] コート

ハントしたらぬりつぶそう！

モンスターファイル

1 エルラーラ

lの字でよく出現するよ。アイスをなめるときみたいな感じだって。

手ごわさ	★★
出現しやすさ	★★★
属性	子音／有声音

特徴

lというつづり字は、ほとんどがこの音になるよ

攻略法

まず、舌の先を上の前歯の内側に付けてみよう。（舌先を尖らせるのが苦手だったら、アイスクリームをなめる時みたいに舌を前に出してみるといいよ。そしてそのまま、舌先を上の前歯の内側につけるんだ）。そして、この位置から舌を動かして「ラララララ」と言えばOKだ！

イラストですばり！
❶の攻略スタイル！！

モンスターをハントせよ！

エルラーラが通ったあとに落ちている、10の単語を集めよう！ CDを聴いて、まねをして言ってみよう。CDと同じ音で言えるようになったらOK！ 下の🐌をぬりつぶしていこう！ 全部ぬりつぶせたら、次のモンスターのもとへ！

1. **l**eg [lég] 脚
2. **l**et [lét] 許す
3. **l**ake [léik] 湖
4. **l**ion [láiən] ライオン
5. **l**and [lǽnd] 陸
6. **l**ead [líːd] 案内する
7. **l**ittle [lítl] 小さい
8. **l**ucky [lʌ́ki] 運のいい
9. **l**emon [lémən] レモン
10. **l**etter [létər] 手紙

ハントしたらぬりつぶそう！ ① ② ③ ④ ⑤ ⑥ ⑦ ⑧ ⑨ ⑩

35

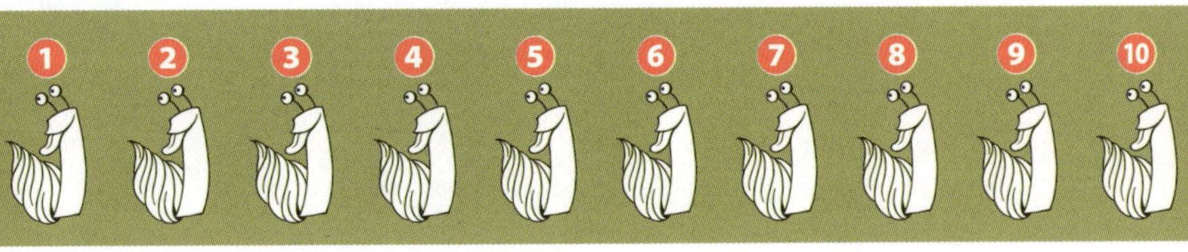

モンスターファイル ⑭

r アルラーラ

rの字でよく出現するよ。舌先を口の中のどこにもつけないで音を出すよ！

手ごわさ	★★
出現しやすさ	★★★
属性	子音／有声音

特徴

rというつづり字は、ほとんどがこの音になるよ

攻略法

舌の先をどこにもつけないで、口の中をまぁるくして「ラララララ」と言ってみよう。すると、「ゥラ ゥラ ゥラ ゥラ ゥラ」みたいな音になるんじゃないかな？ 日本語の「ラ」よりも、口と音が大きく動く音なんだ。

イラストですばり！ rの攻略スタイル!!

モンスターをハントせよ！

CD 1-16

アルラーラの戸棚に隠されている、10の単語を集めよう！ CDを聴いて、まねをして言ってみよう。CDと同じ音で言えるようになったらOK！ 下の🐿をぬりつぶしていこう！ 全部ぬりつぶせたら、次のモンスターのもとへ！

1. **r**at [rǽt] ネズミ
2. **r**ide [ráid] 乗る
3. **r**abbit [rǽbit] ウサギ
4. **r**ead [ríːd] 読む
5. **r**ock [rák] 岩
6. **r**ice [ráis] 米
7. **r**ule [rúːl] 規則
8. **r**ain [réin] 雨
9. **r**ose [róuz] バラ
10. **r**un [rʌ́n] 走る

ハントしたらぬりつぶそう！ ① ② ③ ④ ⑤ ⑥ ⑦ ⑧ ⑨ ⑩

37

モンスターファイル ⑮

ŋ

n や ng の字でよく出現するよ。音を鼻にかける感覚をつかもう！

ハナデング

手ごわさ	★★★
出現しやすさ	★★
属性	子音／有声音

特徴

nk や ng というつづり字の n と ng は、ほとんどがこの音になるよ

攻略法

これは、「ング」という感じの音なんだけど、じつは、「グ」は言いそうで言わないんだ。その代わり、音を鼻にかけて終わりにするよ。nk というつづり字で、[ŋ] の後ろに [k] が続いて「ンク」のような音になるときは、はっきり [k] の音を出そうね。

**イラストですばり！
ŋ の攻略スタイル！！**

モンスターをハントせよ！

CD 1-17

ハナデングの木にある単語を全部集めちゃおう。CDを聴いて、まねをして言ってみよう。CDと同じ音で言えるようになったらOK! 下の👼をぬりつぶしていこう！ 全部ぬりつぶせたら、次のモンスターのもとへ！

1. si**ng** [síŋ] 歌う
2. lo**ng** [lɔ́ːŋ] 長い
3. wro**ng** [rɔ́ːŋ] 間違った
4. si**n**k [síŋk] 沈む
5. ba**n**k [bǽŋk] 銀行
6. playi**ng** [pléiŋ] 遊んでいる
7. ri**ng** [ríŋ] ゆびわ
8. si**ng**er [síŋər] 歌手
9. tru**n**k [trʌ́ŋk] トランク
10. pi**n**k [píŋk] ピンク

ハントしたらぬりつぶそう！ ① ② ③ ④ ⑤ ⑥ ⑦ ⑧ ⑨ ⑩

モンスターファイル ⑯

S クーキースー

sの字でよく出現するよ。空気の音を「スー」と出すよ！

手ごわさ	★★
出現しやすさ	★★★
属性	子音／無声音

特徴

sというつづり字を読むときは、ほとんどがこの音になるよ

攻略法

まず、上の前歯と下の前歯をしっかりとくっつけよう。そしてその状態で歯を見せてみて。舌の先は、下の前歯の内側にくっつけて押して、空気を「スー」と出してみよう。空気が漏れるような音に聞こえたらOKだよ！（「シー」と聞こえたら、もう一度歯の位置を確認しよう）。

イラストですばり！Sの攻略スタイル!!

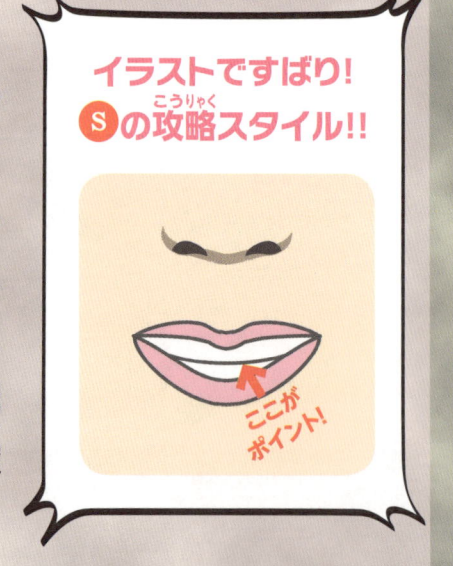

ここがポイント！

モンスターをハントせよ！

CD 1-18

クーキースーの体にしるされた単語を10語、ゲットせよ！ CDを聴いて、まねをして言ってみよう。CDと同じ音で言えるようになったらOK！ 下の🐉をぬりつぶしていこう！ 全部ぬりつぶせたら、次のモンスターのもとへ！

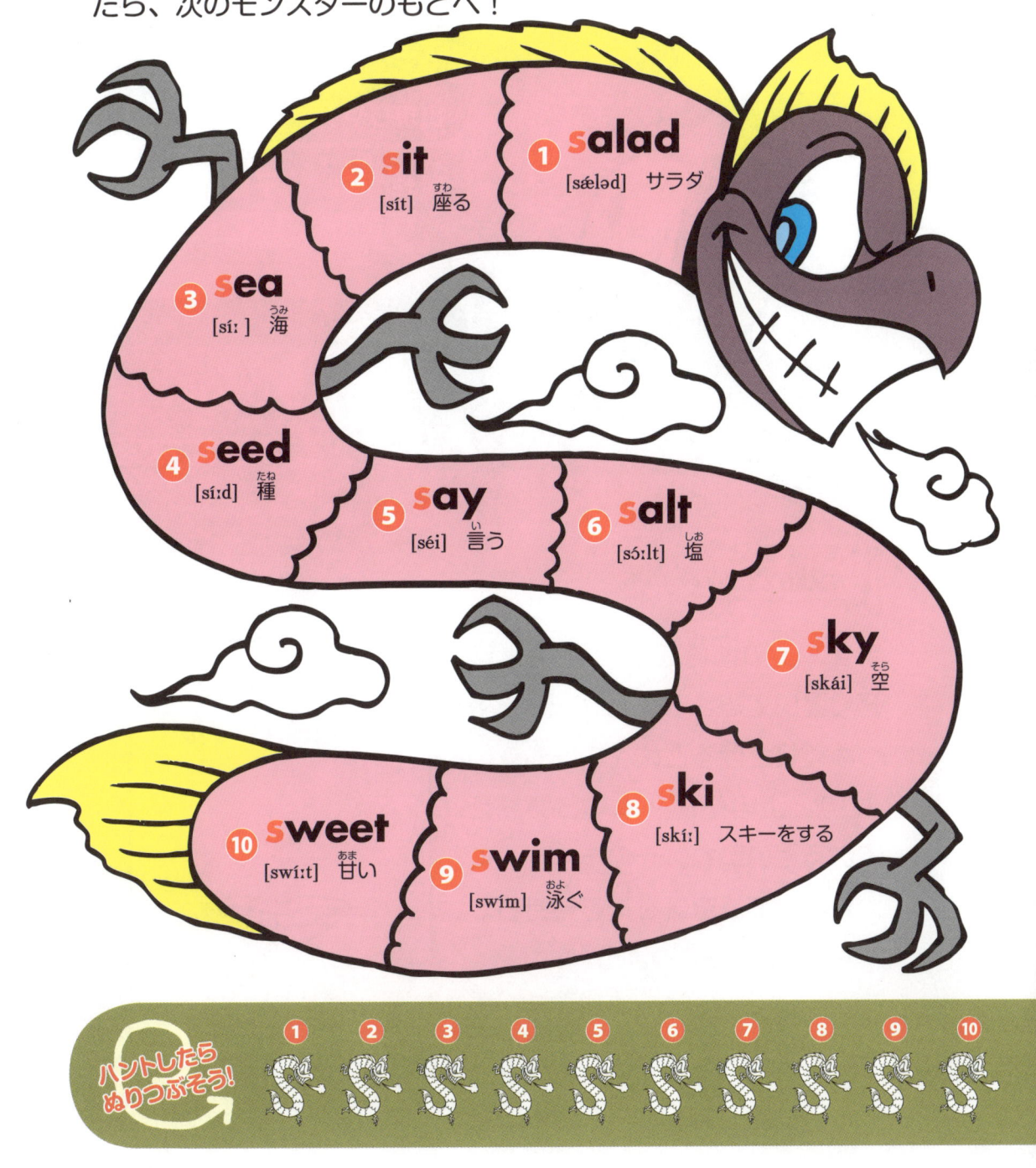

① **s**alad [sǽləd] サラダ
② **s**it [sít] 座る
③ **s**ea [síː] 海
④ **s**eed [síːd] 種
⑤ **s**ay [séi] 言う
⑥ **s**alt [sɔ́ːlt] 塩
⑦ **s**ky [skái] 空
⑧ **s**ki [skíː] スキーをする
⑨ **s**wim [swím] 泳ぐ
⑩ **s**weet [swíːt] 甘い

ハントしたらぬりつぶそう！ ① ② ③ ④ ⑤ ⑥ ⑦ ⑧ ⑨ ⑩

モンスターファイル ⑰

f ハオキフー

fの字でよく出現するよ。上の歯を軽く置いて「フー」だよ！

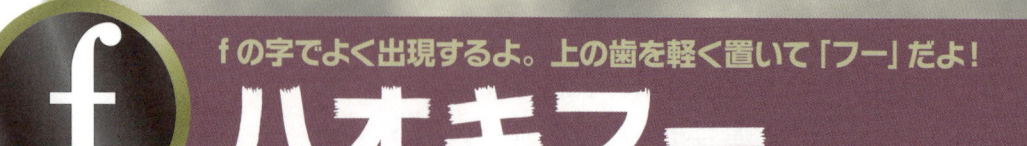

手ごわさ	★★★
出現しやすさ	★★★
属性	子音／無声音

特徴

fというつづり字は、ほとんどがこの音になるよ。

攻略法

まず、上の前歯を下の唇の上に軽く置いてみよう。（上の唇を少しめくり上げると歯をつけやすいよ！）。上の歯が2本くらい見えているといいね。そのまま、強くかまないで、空気を送る気持ちで「フー」と言ってみよう。

イラストでずばり！fの攻略スタイル!!

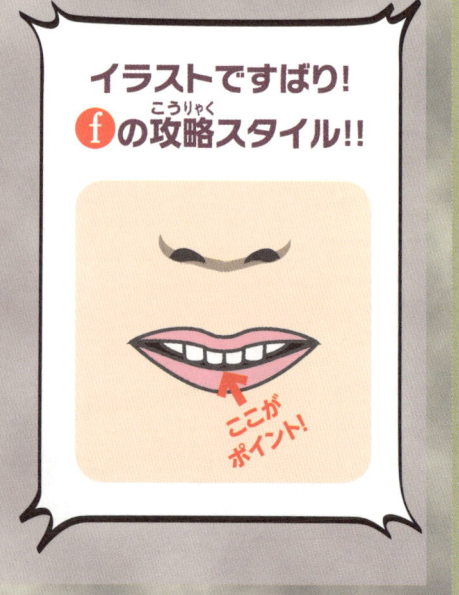

ここがポイント！

学習日　月　日

モンスターをハントせよ！

CD 1-19

ハオキフーのまわりに単語（たんご）がたくさん！　キャッチしてモノにしちゃおう！　CDを聴（き）いて、まねをして言（い）ってみよう。CDと同（おな）じ音（おと）で言（い）えるようになったらOK！　下（した）のをぬりつぶしていこう！　全部（ぜんぶ）ぬりつぶせたら、次（つぎ）のモンスターのもとへ！

1. **f**an [fǽn] うちわ
2. **f**ast [fǽst] 速（はや）い
3. **f**act [fǽkt] 事実（じじつ）
4. **f**ix [fíks] 修理（しゅうり）する
5. **f**eel [fíːl] 感（かん）じる
6. **f**eet [fíːt] foot（足（あし））の複数形（ふくすうけい）
7. **f**ood [fúːd] 食（た）べ物（もの）
8. **f**ox [fɑ́ks] キツネ
9. **f**unny [fʌ́ni] おかしい
10. **f**amily [fǽməli] 家族（かぞく）

ハントしたらぬりつぶそう！
① ② ③ ④ ⑤ ⑥ ⑦ ⑧ ⑨ ⑩

43

モンスターファイル ⑱

V ブルブルドン

vの字でよく出現するよ。上の歯を軽く置いて「ブルブル」だよ！

手ごわさ	★★★
出現しやすさ	★★★
属性	子音／有声音

特徴

vというつづり字は、ほとんどがこの音になるよ。

攻略法

[f] のときと同じように、上の前歯を下の唇の上に軽く置いてみよう。上の歯が2本くらい見えているといいね。そのまま、強くかまないで、声を出して上の歯と下唇でブルブルと震わせてみよう！ 日本語の「ブー」に似てるけど、ちょっと違うのがわかるかな？

イラストですばり！
vの攻略スタイル!!

ここがポイント！

モンスターをハントせよ！

CD 1-20

ブルブルドンが英単語を発信しているよ。CDを聴いて、まねをして言ってみよう。CDと同じ音で言えるようになったらOK！ 下の👹をぬりつぶしていこう！ 全部ぬりつぶせたら、次のモンスターのもとへ！

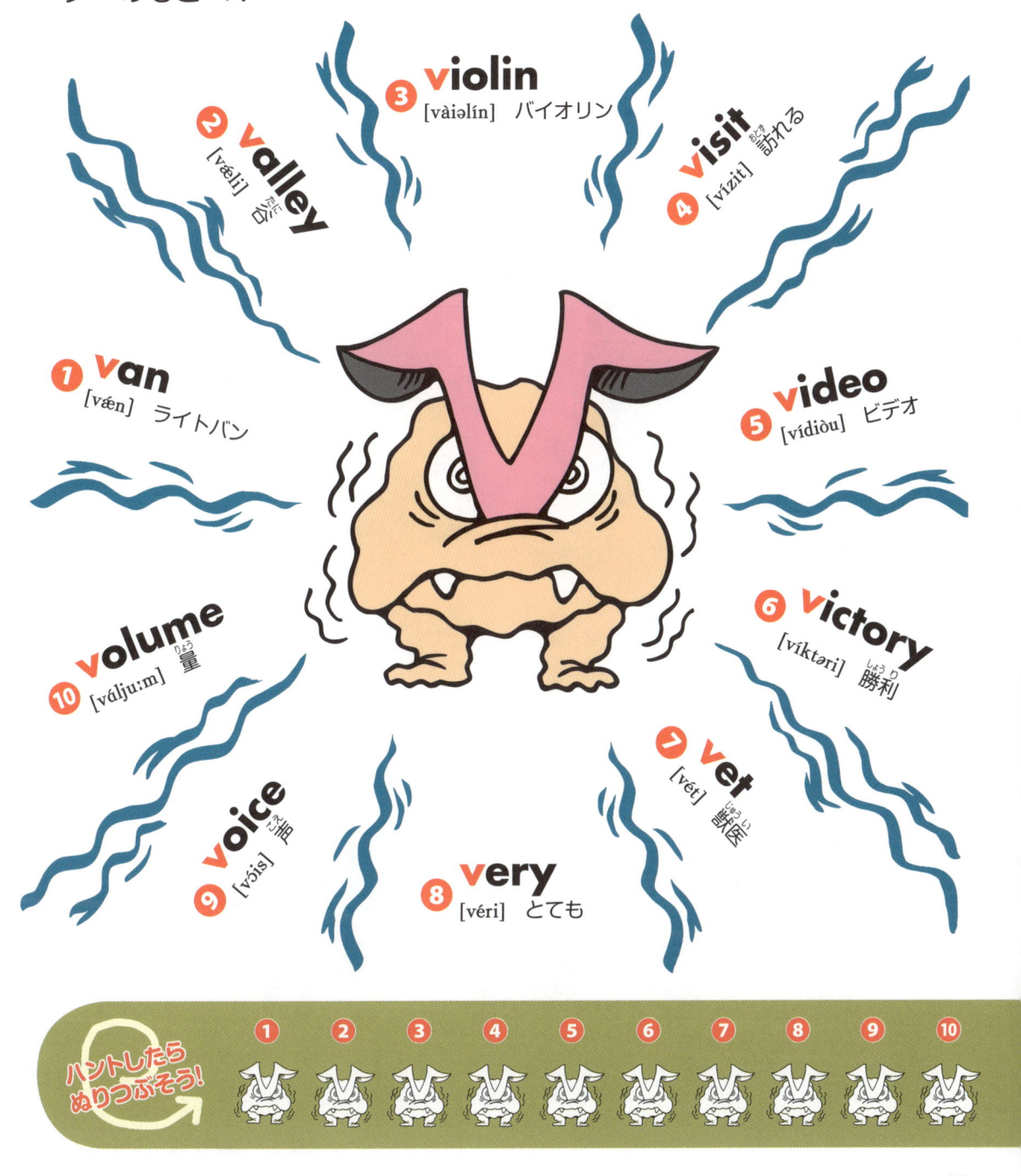

1. **v**an [vǽn] ライトバン
2. **v**alley [vǽli] 谷
3. **v**iolin [vàiəlín] バイオリン
4. **v**isit [vízit] 訪れる
5. **v**ideo [vídiòu] ビデオ
6. **v**ictory [víktəri] 勝利
7. **v**et [vét] 獣医
8. **v**ery [véri] とても
9. **v**oice [vɔ́is] 声
10. **v**olume [válju:m] 量

ハントしたらぬりつぶそう！ ① ② ③ ④ ⑤ ⑥ ⑦ ⑧ ⑨ ⑩

モンスターファイル ⑲

θ イキノオトン

thの字でよく出現するよ。上の歯と舌の間から出す息の音だよ！

手ごわさ	★★★
出現しやすさ	★★★
属性	子音／無声音

特徴

thというつづり字は、この音になることが多いよ。

攻略法

まず、左の絵のように、舌先の上を上前歯の下につけてみよう。そうすると、下くちびるも舌の下に軽く触れるけど、それでOK。前から見ると、上下の歯で舌を挟んでるみたいに見えるよね。その状態で、上の歯と舌の間から空気を出す息の音が、この音だよ。

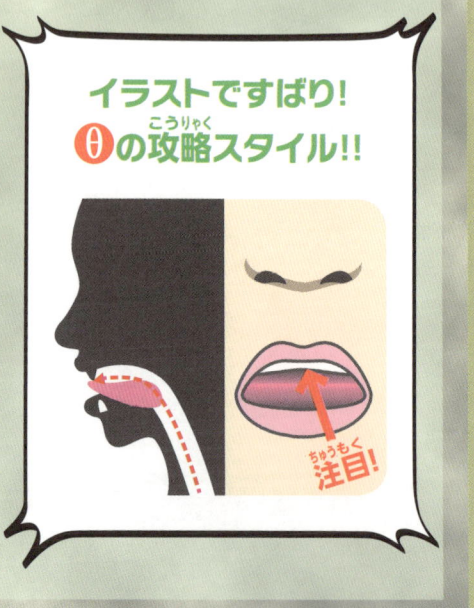

イラストですばり！
θの攻略スタイル!!

注目!

モンスターをハントせよ！ CD 1-21

イキノオトンのひみつメモを見つけた！　そこに書かれた単語を見ながら、CDを聴いて、まねをして言ってみよう。CDと同じ音で言えるようになったらOK！　下の👾をぬりつぶしていこう！　全部ぬりつぶせたら、次のモンスターのもとへ！

❶ **th**ick [θík] 厚い

❷ **th**ree [θríː] 3

❸ **th**row [θróu] 投げる

❹ **th**irsty [θə́ːrsti] のどが渇いた

❺ **th**ing [θíŋ] 物

❻ ba**th** [bǽθ] 入浴

❼ mou**th** [máuθ] 口

❽ mon**th** [mʌ́nθ] （暦の）月

❾ heal**th** [hélθ] 健康

❿ fif**th** [fífθ] 5番目の

ハントしたらぬりつぶそう！　❶ ❷ ❸ ❹ ❺ ❻ ❼ ❽ ❾ ❿

モンスターファイル ⓴

ð ザノキブン

th の字でよく出現するよ。上の歯と舌の間から「ザ」の気持ちで音を出すよ！

手ごわさ	★★★
出現しやすさ	★★★
属性	子音／有声音

特徴

th というつづり字は、この音になることが多いよ。[θ] は息の音だったけど、[ð] は声を出すよ

攻略法

左の絵のように、舌先の上を上前歯の下につけてみよう。[θ] と同じ形だよ。その舌と歯の位置のまま、声を出してみよう。日本語の「ザ」に似てるけど違う、なんともいえない音が出てるかな？ もし日本語の「ザ」や「ダ」に聞こえたら、歯や唇の力をもっとぬこう。

イラストですばり！
ð の攻略スタイル！！

注目！

48

学習日　月　日

モンスターをハントせよ！

CD 1-22

ザノキブンがひそんでいるほら穴に入って単語を集めよう！　CDを聴いて、まねをして言ってみよう。CDと同じ音で言えるようになったらOK！　下の🦕をぬりつぶしていこう！　全部ぬりつぶせたら、次のモンスターのもとへ！

❶ **the** [ðə] その
❷ **this** [ðís] これ
❸ **that** [ðǽt] あれ
❹ **these** [ðíːz] これらは
❺ **those** [ðóuz] あれらは
❻ **they** [ðéi] 彼らは
❼ **then** [ðén] あの時
❽ **than** [ðǽn] 〜よりも
❾ **though** [ðóu] 〜だけども
❿ **smooth** [smúːð] なめらかな

ハントしたらぬりつぶそう！

❶ ❷ ❸ ❹ ❺ ❻ ❼ ❽ ❾ ❿

49

モンスターファイル 21

∫ オシズカニー

shの字でよく出現するよ。「シーッ！お静かに！」って言われちゃった？

手ごわさ	★★
出現しやすさ	★★★
属性	子音／無声音
特徴	

shというつづり字は、この音になることが多いよ。ci/si/ti/ssiもこの音になることがあるよ

攻略法

うるさくしている人に静かにしてもらいたいとき、人差し指を口のところに持っていって、「シー」ってやるよね。[ʃ]はこの音に似ているよ。上下の歯は、くっつけずに少しだけ隙間を開けて、舌はどこにもつけないで、唇をアヒルのようにめくって出すんだよ。

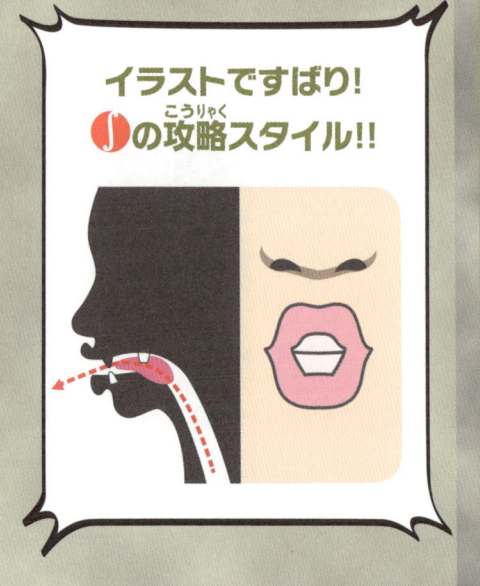

イラストですばり！
ʃの攻略スタイル!!

モンスターをハントせよ！

CD 1-23

池に浮いてきた、10の**オシズカニー**入り単語を集めよう！　CDを聴いて、まねをして言ってみよう。CDと同じ音で言えるようになったらOK！　下の🐉をぬりつぶしていこう！　全部ぬりつぶせたら、次のモンスターのもとへ！

1. **sh**ut [ʃʌ́t] 閉じる
2. **sh**op [ʃáp] 店
3. **sh**irt [ʃə́ːrt] シャツ
4. **sh**oot [ʃúːt] 撃つ
5. **sh**ade [ʃéid] 日陰
6. **sh**are [ʃέər] 分け前
7. **sh**ow [ʃóu] 見せる
8. da**sh** [dǽʃ] 衝突する
9. wa**sh** [wáʃ] 洗う
10. fa**sh**ion [fǽʃən] ファッション

ハントしたらぬりつぶそう！ ① ② ③ ④ ⑤ ⑥ ⑦ ⑧ ⑨ ⑩

モンスターファイル ㉒

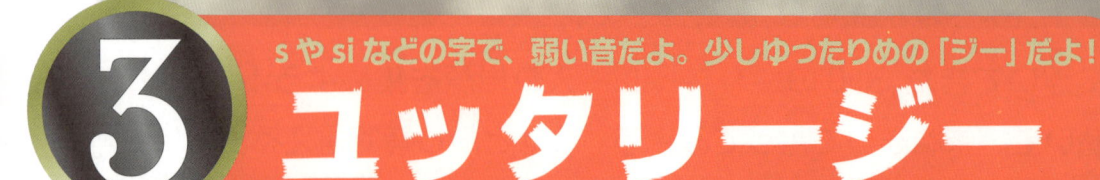

3 ユッタリージー

s や si などの字で、弱い音だよ。少しゆったりめの「ジー」だよ！

手ごわさ	★★★
出現しやすさ	★
属性	子音／有声音

特徴

s/si/g というつづり字を弱く読むときに、たまにこの音になるよ。

攻略法

上下の歯をくっつけずに少しだけ隙間を開けて、舌はどこにもつけないで、唇をアヒルのようにめくるという、[ʃ]と同じ口の形で、声を出すとこの音になるよ。短い「ジッ」ではなく、「ジー」と、ほんの少しゆったりめの長さで出そうね。

イラストですばり！ ❸の攻略スタイル!!

モンスターをハントせよ！

CD 1-24

ユッタリージーが見ている夢の中に出てきた単語を集めよう！ CDを聴いて、まねをして言ってみよう。CDと同じ音で言えるようになったらOK！ 下の◯をぬりつぶしていこう！ 全部ぬりつぶせたら、次のモンスターのもとへ！

1. asia [éiʒə] アジア
2. usual [júːʒuəl] 日ごろの
3. vision [víʒən] 見えること
4. garage [gərάːʒ] 車庫
5. rouge [rúːʒ] 口紅
6. beige [béiʒ] ベージュ色
7. pleasure [pléʒər] 喜び
8. measure [méʒər] 寸法
9. treasure [tréʒər] 宝物
10. television [téləvìʒən] テレビ

ハントしたらぬりつぶそう！

53

モンスターファイル ㉓

tʃ

chの字でよく出現するよ。舌うちみたいな音だけど、しかられないよ！

チェ・ナンダ

手ごわさ	★
出現しやすさ	★★
属性	子音／無声音

特徴

chというつづり字は、ほとんどがこの音になるよ。

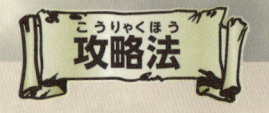

攻略法

ガッカリしたときに、「なんだよ〜。チェッ」て言うこと、あるよね。あの、「チェッ」の音に似てる音だよ。できるだけすどく強く舌を弾くと、英語らしい音になるので、唇に力を入れて「チェッ！」と発音してみよう。

イラストですばり！ tʃ の攻略スタイル!!

モンスターをハントせよ！

CD 1-25

チェ・ナンダが単語を落としちゃった！ 拾ってあげよう。CDを聴いて、まねをして言ってみよう。CDと同じ音で言えるようになったらOK！ 下の🐵をぬりつぶしていこう！ 全部ぬりつぶせたら、次のモンスターのもとへ！

1. chance [tʃǽns] 運
2. chicken [tʃíkən] ニワトリ
3. cheek [tʃíːk] ほお
4. choose [tʃúːz] 選ぶ
5. check [tʃék] 調査する
6. chocolate [tʃɑ́kələt] チョコレート
7. watch [wɑ́tʃ] 腕時計
8. catch [kǽtʃ] 捕まえる
9. touch [tʌ́tʃ] さわる
10. peach [píːtʃ] モモ

ハントしたらぬりつぶそう！ ① ② ③ ④ ⑤ ⑥ ⑦ ⑧ ⑨ ⑩

モンスターファイル ㉔

dʒ ジュニテール

g や j の字でよく出現するよ。「ジュッ」という音に似ているよ！

手ごわさ	★
出現しやすさ	★★
属性	子音／有声音

特徴

つづり字が (d)g や (d)j になると、ほとんどがこの音になるよ。

攻略法

[tʃ] と同じ口と舌の動きのまま、声を出してみよう。「ジュッ」と似ている音が出たら OK だよ。日本語よりも少し強くはじくと、より英語らしい音になるよ。

イラストですばり！ dʒ の攻略スタイル!!

56

モンスターをハントせよ！

CD 1-26

ジュニテールが今日も「ジュッ」「ジュッ」と鳴いているね。CDを聴いて、まねをして言ってみよう。CDと同じ音で言えるようになったらOK！　下の🐛をぬりつぶしていこう！　全部ぬりつぶせたら、次のモンスターのもとへ！

1. **a**g**e** [éidʒ] 年齢
2. **e**d**ge** [édʒ] 端
3. **lar**g**e** [lάːrdʒ] 大きい
4. **bri**d**ge** [brídʒ] 橋
5. **ch**an**ge** [tʃéindʒ] 変わる
6. **j**acket [dʒǽkit] ジャケット
7. **j**unior [dʒúːnjər] 年下の
8. **j**et [dʒét] 噴出
9. **j**oke [dʒóuk] ジョーク
10. **ma**j**or** [méidʒər] 主要な

ハントしたらぬりつぶそう！　① ② ③ ④ ⑤ ⑥ ⑦ ⑧ ⑨ ⑩

モンスターファイル ㉕

j

ヤィヤィヤン

yの字でよく出現するよ。「ヤ」とか「イヤ」と言えばイインダヨ！

手ごわさ	★
出現しやすさ	★★
属性	子音／有声音

特徴

yというつづり字は、ほとんどがこの音になるよ。iもこの音になることがあるよ

攻略法

これは日本語の「ヤ」だと思っておけば大丈夫だよ。
強く言うときは「ィヤ」のように、「ヤ」の前に軽く「ィ」が入っている感じになるんだ。
[y]という発音記号で表されることもあるので覚えておこうね。

イラストですばり！jの攻略スタイル!!

58

モンスターをハントせよ！

CD 1-27

ヤィヤィヤンのお城に飾られている単語を見てみよう！ CDを聴いて、まねをして言ってみよう。CDと同じ音で言えるようになったらOK！ 下の をぬりつぶしていこう！ 全部ぬりつぶせたら、次のモンスターのもとへ！

1. **y**ard [jɑ́ːrd] 中庭
2. **y**oung [jʌ́ŋ] 若い
3. **y**ear [jíər] 年
4. **y**ou [júː] あなた
5. **y**outh [júːθ] 若さ
6. **y**es [jés] はい
7. **y**ellow [jélou] 黄色
8. **y**esterday [jéstərdèi] 昨日
9. **y**acht [ját] ヨット
10. **y**ogurt [jóugərt] ヨーグルト

ハントしたらぬりつぶそう！

> これも知っておこう！

発音しないeの文字

英語では、単語の最後にある e を、発音しないことがあるんだよ。これは単語が「母音字＋子音字＋e」という形のときに起こる現象なんだ。
　第1ステージで出てきた単語にも、それにあてはまるものがたくさんあるので、見てみよう。

a＋子音字＋e

- □ age [éidʒ] 年 …………… P33
- □ cake [kéik] ケーキ …… P33
- □ take [téik] 取る ………… P33
- □ bake [béik] 焼く ………… P33
- □ name [néim] 名前 …… P33
- □ lake [léik] 湖 …………… P35
- □ shade [ʃéid] 日陰 ……… P51
- □ chocolate [tʃɔ́ːkələt] チョコレート ……………… P55

i＋子音字＋e

- □ ice [áis] 氷 ……………… P33
- □ bite [báit] 噛む ………… P33
- □ time [táim] 時 …………… P33
- □ mine [máin] 私のもの … P33
- □ ride [ráid] 乗る ………… P37
- □ rice [ráis] 米 …………… P37

o＋子音字＋e

- □ some [sʌ́m] いくつかの ………………… P25
- □ come [kʌ́m] 来る ……… P25
- □ note [nóut] メモする …… P33
- □ rose [róuz] バラ ………… P37
- □ joke [dʒóuk] ジョーク … P57

u＋子音字＋e

- □ rule [rúːl] 規則 ………… P37
- □ volume [válj uːm] 量 … P45

e＋子音字＋e

- □ scene [síːn] シーン
- □ eve [íːv] 前日

第2ステージ

ミッション
単語を使って英語音をモノにせよ！

ここからは、英単語を使った発音訓練に挑戦するよ！
　たとえば、light [láit] と right [ráit] のような、**とても似た音を持つ2つの単語**を「ミニマルペア」というんだけど、これは英語の音を身につけるのにとても役に立つんだよ。
　ミニマルペア訓練は、次の3つのステップで進めるよ。

ステップ1　**発音記号を見ながら**リスニング＆発音練習
ステップ2　**英単語を見ながら**リスニング＆発音練習
ステップ3　ペアのうち**どちらが読まれているか**、クイズに挑戦

ミニマルペアの後には、別の単語クイズにチャレンジだ！
　みんなの身の回りには、たくさんの**カタカナ言葉**があるよね。これをちゃんとした英語で言うと、音が全然違っていることが多いんだ。
　CDの音声を聞いて、**どの単語が読まれているのか**当ててみよう！　答え合わせをしたら、つづりと発音記号を見ながら発音練習しよう。

英語音クイズルーム ❶

Catch the Difference!

ちがいを つかもう！
音がとても似ている2つの英単語を使って、発音と聞き取りの訓練をしよう。

ステップ 1 発音記号を見ながら、CDの音声に続いて発音しよう！（番号→英語→練習時間→英語） **CD 1-28**

❶ [lǽg] – [rǽg]　　　❷ [lɔ́ː] – [rɔ́ː]
❸ [láit] – [ráit]　　　❹ [líːtʃ] – [ríːtʃ]
❺ [léit] – [réit]　　　❻ [láis] – [ráis]
❼ [fjúː] – [hjúː]　　　❽ [fíər] – [híər]
❾ [fʌ́ni] – [hʌ́ni]　　❿ [fɔ́ːrs] – [hɔ́ːrs]

ステップ 2 次に、英単語を見ながら、CDの音声に続いて発音しよう！（番号→英語→練習時間） **CD 1-29**

❶ **lag – rag**
　遅れる　ぼろきれ

❷ **law – raw**
　法律　生の

❸ **light – right**
　明るい　右

❹ **leech – reach**
　ヒル　着く

❺ **late – rate**
　遅い　速度

❻ **lice – rice**
　louse（シラミ）の複数形　米

❼ **few – hue**
　少ない　色合い

❽ **fear – hear**
　恐れ　聞く

❾ **funny – honey**
　おかしな　はちみつ

❿ **force – horse**
　力　ウマ

ステップ 3 最後はクイズに挑戦！ CDの音声を聞いて、読まれているほうの単語を丸で囲もう！

CD 1-30

❶ lag – rag
❷ law – raw
❸ light – right
❹ leech – reach
❺ late – rate
❻ lice – rice
❼ few – hue
❽ fear – hear
❾ funny – honey
❿ force – horse

Challenge the Listening!

聞き取りに挑戦！ 身の回りにあるカタカナ言葉を英語で聞いて、どの単語が読まれているのか当てよう。答えあわせをしたら、つづりと発音記号を見て、CDのまねをして言ってみよう。

CD 1-31

ⓐ レッド　　ⓕ ピンク
ⓑ イエロー　ⓖ グリーン
ⓒ ブラウン　ⓗ パープル
ⓓ ブルー　　ⓘ グレー
ⓔ ホワイト　ⓙ ブラック

❶ ＿＿＿　❷ ＿＿＿　❸ ＿＿＿　❹ ＿＿＿　❺ ＿＿＿
❻ ＿＿＿　❼ ＿＿＿　❽ ＿＿＿　❾ ＿＿＿　❿ ＿＿＿

こたえは65ページにあるよ！

英語音クイズルーム ❷

Catch the Difference!

ちがいをつかもう！ 音がとても似ている2つの英単語を使って、発音と聞き取りの訓練をしよう。

ステップ 1 発音記号を見ながら、CDの音声に続いて発音しよう！（番号→英語→練習時間→英語） CD 1-32

❶ [flíː] – [fríː]　　❷ [pléi] – [préi]

❸ [glóu] – [gróu]　　❹ [blúːm] – [brúːm]

❺ [síː] – [ʃíː]　　❻ [sél] – [ʃél]

❼ [sɔ́ːrt] – [ʃɔ́ːrt]　　❽ [sóu] – [ʃóu]

❾ [síːt] – [ʃíːt]　　❿ [síp] – [ʃíp]

ステップ 2 次に、英単語を見ながら、CDの音声に続いて発音しよう！（番号→英語→練習時間） CD 1-33

❶ flee – free
　逃げる　自由の

❷ play – pray
　遊ぶ　祈る

❸ glow – grow
　光る　育つ

❹ bloom – broom
　花　ほうき

❺ see – she
　見る　彼女

❻ sell – shell
　売る　貝がら

❼ sort – short
　種類　短い

❽ sew – show
　ぬう　見せる

❾ seat – sheet
　座席　シーツ

❿ sip – ship
　ひとくち　船

学習日　　月　　日

ステップ 3 最後はクイズに挑戦！ CDの音声を聞いて、読まれているほうの単語を丸で囲もう！　CD 1-34

1. flee – free
2. play – pray
3. glow – grow
4. bloom – broom
5. see – she
6. sell – shell
7. sort – short
8. sew – show
9. seat – sheet
10. sip – ship

Challenge the Listening!

聞き取りに挑戦！ 身の回りにあるカタカナ言葉を英語で聞いて、どの単語が読まれているのか当てよう。答えあわせをしたら、つづりと発音記号を見て、CDのまねをして言ってみよう。　CD 1-35

- あ　チェリー
- い　バナナ
- う　メロン
- え　アップル
- お　ストロベリー
- か　レモン
- き　ピーチ
- く　オレンジ
- け　グレープ
- こ　パイナップル

1. _____
2. _____
3. _____
4. _____
5. _____
6. _____
7. _____
8. _____
9. _____
10. _____

こたえは67ページにあるよ！

P63のこたえ
【ちがいをつかもう！ ステップ3】 ❶ rag ／❷ law ／❸ right ／❹ leech ／❺ rate ／❻ rice ／❼ few ／❽ hear ／❾ honey ／❿ force

【聞き取りに挑戦！】 ❶ お white [hwáit] ホワイト／❷ い yellow [jélou] イエロー／❸ く purple [pə́:rpl] パープル／❹ あ red [réd] レッド／❺ き green [gríːn] グリーン／❻ え blue [blúː] ブルー／❼ け gray [gréi] グレー／❽ う brown [bráun] ブラウン／❾ こ black [blǽk] ブラック／❿ か pink [píŋk] ピンク

英語音クイズルーム ❸

Catch the Difference!

ちがいをつかもう！ 音がとても似ている2つの英単語を使って、発音と聞き取りの訓練をしよう。

ステップ 1
発音記号を見ながら、ＣＤの音声に続いて発音しよう！（番号→英語→練習時間→英語） CD 1-36

❶ [θín] – [θíŋ]　　　❷ [tʌ́n] – [tʌ́ŋ]

❸ [wín] – [wíŋ]　　　❹ [gɔ́ːn] – [gɔ́ːŋ]

❺ [sʌ́n] – [sʌ́ŋ]　　　❻ [víː] – [bíː]

❼ [vést] – [bést]　　　❽ [vóut] – [bóut]

❾ [lʌ́v] – [rʌ́b]　　　❿ [kə́ːrv] – [kə́ːrb]

ステップ 2
次に、英単語を見ながら、ＣＤの音声に続いて発音しよう！（番号→英語→練習時間） CD 1-37

❶ thin – thing
　薄い　　もの

❷ ton – tongue
　トン　　舌

❸ win – wing
　勝つ　　つばさ

❹ gone – gong
　go（行く）の過去分詞形　ゴング

❺ sun – sung
　太陽　　sing（歌う）の過去・過去分詞形

❻ V – B
　アルファベットのV　アルファベットのB

❼ vest – best
　ベスト　最高の

❽ vote – boat
　票　　ボート

❾ love – rub
　愛　　こする

❿ curve – curb
　曲線　縁石

66

学習日　月　日

ステップ 3
最後はクイズに挑戦！　CDの音声を聞いて、読まれているほうの単語を丸で囲もう！
CD 1-38

❶ thin – thing
❷ ton – tongue
❸ win – wing
❹ gone – gong
❺ sun – sung
❻ V – B
❼ vest – best
❽ vote – boat
❾ love – rub
❿ curve – curb

Challenge the Listening!

聞き取りに挑戦！
身の回りにあるカタカナ言葉を英語で聞いて、どの単語が読まれているのか当てよう。答えあわせをしたら、つづりと発音記号を見て、CDのまねをして言ってみよう。
CD 1-39

- あ　サラダ
- い　ガーリック
- う　アーモンド
- え　セロリ
- お　トマト
- か　ブロッコリー
- き　キャベツ
- く　ポテト
- け　ピーナッツ
- こ　レタス

❶ ＿＿＿　❷ ＿＿＿　❸ ＿＿＿　❹ ＿＿＿　❺ ＿＿＿
❻ ＿＿＿　❼ ＿＿＿　❽ ＿＿＿　❾ ＿＿＿　❿ ＿＿＿

こたえは69ページにあるよ！

P65のこたえ
【ちがいをつかもう！ ステップ3】 ❶ flee ／❷ play ／❸ grow ／❹ broom ／❺ she ／❻ sell ／❼ short ／❽ show ／❾ seat ／❿ ship
【聞き取りに挑戦！】 ❶ い banana [bənǽnə] バナナ／❷ お strawberry [strɔ́:bèri] ストロベリー／❸ う melon [mélən] メロン／❹ こ pineapple [páinæpl] パイナップル／❺ く orange [ɔ́:rindʒ] オレンジ／❻ え apple [ǽpl] アップル／❼ あ cherry [tʃéri] チェリー／❽ き peach [pí:tʃ] ピーチ／❾ け grape [gréip] グレープ／❿ か lemon [lémən] レモン

英語音クイズルーム ❹

Catch the Difference!

ちがいをつかもう！ 音がとても似ている2つの英単語を使って、発音と聞き取りの訓練をしよう。

ステップ 1 発音記号を見ながら、CDの音声に続いて発音しよう！（番号→英語→練習時間→英語） CD 1-40

❶ [θíŋk] – [síŋk]　❷ [θík] – [sík]
❸ [pǽθ] – [pǽs]　❹ [máuθ] – [máus]
❺ [fǽn] – [vǽn]　❻ [féri] – [véri]
❼ [séif] – [séiv]　❽ [ðéi] – [déi]
❾ [ðén] – [dén]　❿ [ðóuz] – [dóuz]

ステップ 2 次に、英単語を見ながら、CDの音声に続いて発音しよう！（番号→英語→練習時間） CD 1-41

❶ **think – sink**
考える　流し

❷ **thick – sick**
厚い　病気の

❸ **path – pass**
小道　道

❹ **mouth – mouse**
口　ネズミ

❺ **fan – van**
うちわ　ワゴン車

❻ **ferry – very**
フェリー　とても

❼ **safe – save**
安全な　救う

❽ **they – day**
彼ら　日

❾ **then – den**
そのとき　巣

❿ **those – doze**
あれら　仮眠

68

学習日　　月　　日

ステップ 3 最後はクイズに挑戦！ CDの音声を聞いて、読まれているほうの単語を丸で囲もう！
CD 1-42

❶ think – sink
❷ thick – sick
❸ path – pass
❹ mouth – mouse
❺ fan – van
❻ ferry – very
❼ safe – save
❽ they – day
❾ then – den
❿ those – doze

Challenge the Listening!

聞き取りに挑戦！ 身の回りにあるカタカナ言葉を英語で聞いて、どの単語が読まれているのか当てよう。答えあわせをしたら、つづりと発音記号を見て、CDのまねをして言ってみよう。
CD 1-43

あ　プリン
い　ビール
う　ポップコーン
え　マヨネーズ
お　シチュー
か　チョコレート
き　コーヒー
く　ウォーター
け　クッキー
こ　サンドイッチ

❶ ＿＿＿　❷ ＿＿＿　❸ ＿＿＿　❹ ＿＿＿　❺ ＿＿＿
❻ ＿＿＿　❼ ＿＿＿　❽ ＿＿＿　❾ ＿＿＿　❿ ＿＿＿

こたえは71ページにあるよ！

P67のこたえ
【ちがいをつかもう！ ステップ3】 ❶ thing ／❷ ton ／❸ wing ／❹ gong ／❺ sun ／❻ B ／❼ best ／❽ vote ／❾ rub ／❿ curb
【聞き取りに挑戦！】 ❶ こ lettuce [létis] レタス／❷ お tomato [təméitou] トマト／❸ き cabbage [kǽbidʒ] キャベツ／❹ あ salad [sǽləd] サラダ／❺ う almond [ɑ́:mənd] アーモンド／❻ け peanut [pí:nʌ̀t] ピーナッツ／❼ か broccoli [brákəli] ブロッコリー／❽ い garlic [gá:rlik] ガーリック／❾ く potato [pətéitou] ポテト／❿ え celery [séləri] セロリ

英語音クイズルーム ⑤

Catch the Difference!

ちがいを つかもう！　音がとても似ている2つの英単語を使って、発音と聞き取りの訓練をしよう。

ステップ1　発音記号を見ながら、CDの音声に続いて発音しよう！（番号→英語→練習時間→英語）　CD 1-44

1. [kæt] – [kʌt]
2. [fæn] – [fʌn]
3. [mæd] – [mʌd]
4. [bæt] – [bʌt]
5. [bæθ] – [bʌs]
6. [bæg] – [bʌg]
7. [téil] – [tél]
8. [séil] – [sél]
9. [éidʒ] – [édʒ]
10. [téist] – [tést]

ステップ2　次に、英単語を見ながら、CDの音声に続いて発音しよう！（番号→英語→練習時間）　CD 1-45

1. cat – cut　ネコ　切る
2. fan – fun　うちわ　楽しみ
3. mad – mud　怒って　泥
4. bat – but　バット　しかし
5. bath – bus　入浴　バス
6. bag – bug　かばん　昆虫
7. tail – tell　尾　伝える
8. sail – sell　帆　売る
9. age – edge　年齢　端
10. taste – test　味覚　テスト

70

学習日　月　日

ステップ 3
最後はクイズに挑戦！　CDの音声を聞いて、読まれているほうの単語を丸で囲もう！

CD 1-46

1. cat – cut
2. fan – fun
3. mad – mud
4. bat – but
5. bath – bus
6. bag – bug
7. tail – tell
8. sail – sell
9. age – edge
10. taste – test

Challenge the Listening!

聞き取りに挑戦！

身の回りにあるカタカナ言葉を英語で聞いて、どの単語が読まれているのか当てよう。答えあわせをしたら、つづりと発音記号を見て、CDのまねをして言ってみよう。

CD 1-47

- あ　スイミング
- か　サッカー
- い　バレーボール
- き　ピッチャー
- う　バスケットボール
- く　ゴルフ
- え　バッター
- け　バドミントン
- お　ホッケー
- こ　マラソン

1. _____
2. _____
3. _____
4. _____
5. _____
6. _____
7. _____
8. _____
9. _____
10. _____

こたえは 73 ページにあるよ！

P69 のこたえ

【ちがいをつかもう！ ステップ3】 ① think ／② sick ／③ path ／④ mouse ／⑤ fan ／⑥ very ／⑦ safe ／⑧ day ／⑨ then ／⑩ doze

【聞き取りに挑戦！】 ① う popcorn [pápkɔ̀ːrn] ポップコーン／② あ pudding [púdiŋ] プリン／③ か chocolate [tʃɔ́ːkələt] チョコレート／④ え mayonnaise [mèiənéiz] マヨネーズ／⑤ こ sandwiches [sǽndwitʃiz] サンドイッチ／⑥ き coffee [kɔ́ːfi] コーヒー／⑦ い beer [bíər] ビール／⑧ け cookie [kúki] クッキー／⑨ お stew [stjúː] シチュー／⑩ く water [wɔ́ːtər] ウォーター

英語音クイズルーム ❻

Catch the Difference!
ちがいをつかもう！

音がとても似ている2つの英単語を使って、発音と聞き取りの訓練をしよう。

ステップ 1
発音記号を見ながら、CDの音声に続いて発音しよう！（番号→英語→練習時間→英語） CD 2-1

❶ [péin] – [pén]　　❷ [wéit] – [wét]
❸ [béik] – [bǽk]　　❹ [téip] – [tǽp]
❺ [sóu] – [sɔ́ː]　　　❻ [kóut] – [kɔ́ːt]
❼ [kóut] – [kát]　　 ❽ [bóut] – [bɔ́ːt]
❾ [bóul] – [bɔ́ːl]　　❿ [lóu] – [lɔ́ː]

ステップ 2
次に、英単語を見ながら、CDの音声に続いて発音しよう！（番号→英語→練習時間） CD 2-2

❶ **pain – pen**
痛み　　ペン

❷ **wait – wet**
待つ　　ぬれた

❸ **bake – back**
〜を焼く　背中

❹ **tape – tap**
テープ　軽くたたく

❺ **so – saw**
そのように　のこぎり

❻ **coat – caught**
コート　catch（つかまえる）の過去形

❼ **coat – cot**
コート　簡易ベッド

❽ **boat – bought**
ボート　buy（買う）の過去・過去分詞形

❾ **bowl – ball**
どんぶり　ボール

❿ **low – law**
低い　　法律

ステップ 3 最後はクイズに挑戦！ CDの音声を聞いて、読まれているほうの単語を丸で囲もう！ CD 2-3

1. pain – pen
2. wait – wet
3. bake – back
4. tape – tap
5. so – saw
6. coat – caught
7. coat – cot
8. boat – bought
9. bowl – ball
10. low – law

Challenge the Listening!

聞き取りに挑戦！ 身の回りにあるカタカナ言葉を英語で聞いて、どの単語が読まれているのか当てよう。答えあわせをしたら、つづりと発音記号を見て、CDのまねをして言ってみよう。 CD 2-4

- あ スカート
- い ダブル
- う ビタミン
- え ブラシ
- お テレビ
- か マッスル
- き ウイルス
- く セーター
- け スクール
- こ バイオリン

1. _____
2. _____
3. _____
4. _____
5. _____
6. _____
7. _____
8. _____
9. _____
10. _____

こたえは75ページにあるよ！

P71のこたえ
【ちがいをつかもう！ ステップ3】 ❶ cat ／ ❷ fun ／ ❸ mud ／ ❹ bat ／ ❺ bus ／ ❻ bag ／ ❼ tell ／ ❽ sail ／ ❾ edge ／ ❿ taste
【聞き取りに挑戦！】 ❶ お hockey [háki] ホッケー／❷ か soccer [sákər] サッカー／❸ い volleyball [válibɔ̀ːl] バレーボール／❹ け badminton [bǽdmintn] バドミントン／❺ う basketball [bǽskitbɔ̀ːl] バスケットボール／❻ く golf [gálf] ゴルフ／❼ あ swimming [swímiŋ] スイミング／❽ え batter [bǽtər] バッター／❾ き pitcher [pítʃər] ピッチャー／❿ こ marathon [mǽrəθɑ̀n] マラソン

英語音クイズルーム ❼

Catch the Difference!

ちがいを つかもう! 音がとても似ている2つの英単語を使って、発音と聞き取りの訓練をしよう。

ステップ1 発音記号を見ながら、CDの音声に続いて発音しよう！（番号→英語→練習時間→英語） CD 2-5

❶ [kláud] – [klád]　　❷ [ʃíp] – [ʃíːp]

❸ [rítʃ] – [ríːtʃ]　　❹ [énd] – [ǽnd]

❺ [mén] – [mǽn]　　❻ [gés] – [gǽs]

❼ [séd] – [sǽd]　　❽ [sʌ́ŋ] – [sɔ́ːŋ]

❾ [bʌ́s] – [bɑ́s]　　❿ [kʌ́t] – [kɔ́ːt]

ステップ2 次に、英単語を見ながら、CDの音声に続いて発音しよう！（番号→英語→練習時間） CD 2-6

❶ **cloud – clod**
　雲　　　かたまり

❷ **ship – sheep**
　船　　　ヒツジ

❸ **rich – reach**
　裕福な　着く

❹ **end – and**
　終わり　〜と

❺ **men – man**
　man（男性）　男性
　の複数形

❻ **guess – gas**
　推測　　ガソリン

❼ **said – sad**
　say（言う）の　悲しんでいる
　過去・過去分詞形

❽ **sung – song**
　sing（歌う）の　歌
　過去分詞形

❾ **bus – boss**
　バス　　上司

❿ **cut – caught**
　切る　　catch（捕まえる）の
　　　　　過去・過去分詞形

ステップ 3

最後はクイズに挑戦！ CDの音声を聞いて、読まれているほうの単語を丸で囲もう！ **CD 2-7**

1. cloud – clod
2. ship – sheep
3. rich – reach
4. end – and
5. men – man
6. guess – gas
7. said – sad
8. sung – song
9. bus – boss
10. cut – caught

Challenge the Listening!

聞き取りに挑戦！

身の回りにあるカタカナ言葉を英語で聞いて、どの単語が読まれているのか当てよう。答えあわせをしたら、つづりと発音記号を見て、CDのまねをして言ってみよう。 **CD 2-8**

- あ ライオン
- い タートル
- う ペンギン
- え コアラ
- お タイガー
- か カンガルー
- き パンダ
- く モンキー
- け ゴリラ
- こ ペリカン

1. ____
2. ____
3. ____
4. ____
5. ____
6. ____
7. ____
8. ____
9. ____
10. ____

こたえは 77 ページにあるよ！

P73 のこたえ

【ちがいをつかもう！ ステップ3】 ①pain／②wet／③bake／④tap／⑤saw／⑥coat／⑦cot／⑧boat／⑨ball／⑩low

【聞き取りに挑戦！】 ①い double [dʌ́bl] ダブル／②か muscle [mʌ́sl] マッスル／③お television [téləvìʒən] テレビ／④け school [skúːl] スクール／⑤え brush [brʌ́ʃ] ブラシ／⑥あ skirt [skə́ːrt] スカート／⑦く sweater [swétər] セーター／⑧う vitamin [váitəmin] ビタミン／⑨き virus [váiərəs] ウイルス／⑩こ violin [vàiəlín] バイオリン

英語音クイズルーム ❽

Catch the Difference!

ちがいをつかもう！　音がとても似ている2つの英単語を使って、発音と聞き取りの訓練をしよう。

ステップ1
発音記号を見ながら、CDの音声に続いて発音しよう！（番号→英語→練習時間→英語） CD 2-9

❶ [án] – [ǽn]　　❷ [hát] – [hǽt]
❸ [sák] – [sǽk]　　❹ [blák] – [blǽk]
❺ [nát] – [nʌ́t]　　❻ [dák] – [dʌ́k]
❼ [hát] – [hʌ́t]　　❽ [rábər] – [rʌ́bər]
❾ [íːt] – [ít]　　❿ [líːv] – [lív]

ステップ2
次に、英単語を見ながら、CDの音声に続いて発音しよう！（番号→英語→練習時間） CD 2-10

❶ **on – an**
～に接して　1つの

❷ **hot – hat**
暑い　帽子

❸ **sock – sack**
くつした　袋

❹ **block – black**
ブロック　黒い

❺ **not – nut**
～でない　木の実

❻ **dock – duck**
波止場　アヒル

❼ **hot – hut**
暑い　山小屋

❽ **robber – rubber**
強盗　天然ゴム

❾ **eat – it**
食べる　それ

❿ **leave – live**
去る　住む

学習日　月　日

ステップ 3

最後はクイズに挑戦！　CDの音声を聞いて、読まれているほうの単語を丸で囲もう！

CD 2-11

❶ on – an　　　　　❷ hot – hat
❸ sock – sack　　　❹ block – black
❺ not – nut　　　　❻ dock – duck
❼ hot – hut　　　　❽ robber – rubber
❾ eat – it　　　　　❿ leave – live

Challenge the Listening!

聞き取りに挑戦！

身の回りにあるカタカナ言葉を英語で聞いて、どの単語が読まれているのか当てよう。答えあわせをしたら、つづりと発音記号を見て、CDのまねをして言ってみよう。

CD 2-12

あ　ヘラクレス　　か　フランス
い　マイケル　　　き　セリーヌ
う　アメリカ　　　く　マクドナルド
え　マドンナ　　　け　ブラジル
お　オーストラリア　こ　カナダ

❶ ____　❷ ____　❸ ____　❹ ____　❺ ____
❻ ____　❼ ____　❽ ____　❾ ____　❿ ____

こたえは 79 ページにあるよ！

P75 のこたえ

【ちがいをつかもう！ ステップ3】❶ cloud／❷ ship／❸ reach／❹ end／❺ man／❻ gas／❼ said／❽ song／❾ bus／❿ caught

【聞き取りに挑戦！】❶ う penguin [péŋgwin] ペンギン／❷ あ lion [láiən] ライオン／❸ え koala [kouá:lə] コアラ／❹ き panda [pǽndə] パンダ／❺ お tiger [táigər] タイガー／❻ け gorilla [gərílə] ゴリラ／❼ こ pelican [pélikən] ペリカン／❽ い turtle [tə́:rtl] タートル／❾ か kangaroo [kæ̀ŋgərú:] カンガルー／❿ く monkey [mʌ́ŋki] モンキー

77

英語音クイズルーム ❾

Catch the Difference!

ちがいをつかもう！
音がとても似ている2つの英単語を使って、発音と聞き取りの訓練をしよう。

ステップ1
発音記号を見ながら、CDの音声に続いて発音しよう！（番号→英語→練習時間→英語） CD 2-13

❶ [bóuld] – [bɔ́ːld]　　❷ [kóul] – [kɔ́ːl]
❸ [nóut] – [nát]　　❹ [fóuks] – [fáks]
❺ [góut] – [gát]　　❻ [kǽt] – [káːrt]
❼ [háːrt] – [hə́ːrt]　　❽ [kálər] – [kʌ́lər]
❾ [ául] – [ɔ́ːl]　　❿ [ʃát] – [ʃáut]

ステップ2
次に、英単語を見ながら、CDの音声に続いて発音しよう！（番号→英語→練習時間） CD 2-14

❶ **bold** – **bald**
勇気のある　はげた

❷ **coal** – **call**
石炭　呼ぶ

❸ **note** – **not**
メモする　～でない

❹ **folks** – **fox**
人々　キツネ

❺ **goat** – **got**
ヤギ　get（得る）の過去・過去分詞形

❻ **cat** – **cart**
ネコ　荷車

❼ **heart** – **hurt**
心臓　傷つける

❽ **collar** – **color**
えり　色

❾ **owl** – **all**
フクロウ　全体

❿ **shot** – **shout**
発射　さけぶ

78

ステップ 3

最後はクイズに挑戦！ CDの音声を聞いて、読まれているほうの単語を丸で囲もう！

CD 2-15

❶ bold – bald
❷ coal – call
❸ note – not
❹ folks – fox
❺ goat – got
❻ cat – cart
❼ heart – hurt
❽ collar – color
❾ owl – all
❿ shot – shout

Challenge the Listening!

聞き取りに挑戦！

身の回りにあるカタカナ言葉を英語で聞いて、どの単語が読まれているのか当てよう。答えあわせをしたら、つづりと発音記号を見て、CDのまねをして言ってみよう。

CD 2-16

- ㋐ ブレーキ
- ㋑ スイッチ
- ㋒ インターネット
- ㋓ モンスター
- ㋔ コンピュータ
- ㋕ ホット
- ㋖ ラジオ
- ㋗ スイング
- ㋘ シリアル
- ㋙ ジャケット

❶ _____ ❷ _____ ❸ _____ ❹ _____ ❺ _____

❻ _____ ❼ _____ ❽ _____ ❾ _____ ❿ _____

こたえは80ページにあるよ！

P77のこたえ

【ちがいをつかもう！ ステップ3】 ❶ on ／ ❷ hat ／ ❸ sock ／ ❹ black ／ ❺ nut ／ ❻ dock ／ ❼ hot ／ ❽ robber ／ ❾ eat ／ ❿ live

【聞き取りに挑戦！】 ❶ ㋑ Michael [máikəl] マイケル／ ❷ ㋓ Madonna [mədánə] マドンナ／ ❸ ㋖ Celine [səlíːn] セリーヌ／ ❹ ㋐ Hercules [hə́ːrkjuliːz] ヘラクレス／ ❺ ㋘ McDonald [məkdánəld] マクドナルド／ ❻ ㋒ America [əmérikə] アメリカ／ ❼ ㋕ France [fræns] フランス／ ❽ ㋙ Canada [kǽnədə] カナダ／ ❾ ㋔ Australia [ɔːstréiljə] オーストラリア／ ❿ ㋗ Brazil [brəzíl] ブラジル

これも知っておこう！ 発音しないつづり字

英語には、単語の中に発音しないつづり字が含まれることがあるよ。
次の第2ステージや第3ステージでいくつか出てくるんだ。さきにちょっとチェックしておこうね。

- ☐ light [láit] 光
- ☐ right [ráit] 右
- ☐ catch [kǽtʃ] つかまえる
- ☐ watch [wátʃ] 見る
- ☐ muscle [mʌ́sl] 筋肉
- ☐ tongue [tʌ́ŋ] 舌
- ☐ fetch [fétʃ] 〜を行って取ってくる
- ☐ bought [bɔ́ːt] buy（買う）の過去・過去分詞形
- ☐ caught [kɔ́ːt] catch（つかまえる）の過去形
- ☐ solemnly [sáːləmli] まじめに

ほかにも、中学で習う単語で、発音しないつづり字を含むものをいくつか見てみよう。

- ☐ autumn [ɔ́ːtəm] 秋
- ☐ castle [kǽsl] 城
- ☐ daughter [dɔ́ːtər] 娘
- ☐ eight [éit] 8
- ☐ fight [fáit] 戦い
- ☐ foreign [fɔ́ːrən] 外国の
- ☐ guitar [gitáːr] ギター
- ☐ high [hái] 高い
- ☐ honest [ánist] 正直な
- ☐ hour [áuər] 1時間
- ☐ island [áilənd] 島
- ☐ knife [náif] ナイフ
- ☐ know [nóu] 知っている
- ☐ listen [lísn] 聞く
- ☐ night [náit] 夜
- ☐ sign [sáin] 合図
- ☐ write [ráit] 書く
- ☐ wrong [rɔ́ːŋ] まちがった

P79のこたえ

【ちがいをつかもう！ ステップ3】 ❶ bald ／ ❷ call ／ ❸ not ／ ❹ fox ／ ❺ goat ／ ❻ cart ／ ❼ hurt ／ ❽ color ／ ❾ owl ／ ❿ shout

【聞き取りに挑戦！】 ❶ (け) cereal [síəriəl] シリアル ／ ❷ (あ) break [bréik] ブレーキ ／ ❸ (か) hot [hát] ホット ／ ❹ (う) Internet [íntəːrnèt] インターネット ／ ❺ (い) switch [swítʃ] スイッチ ／ ❻ (く) swing [swíŋ] スイング ／ ❼ (え) monster [mánstər] モンスター ／ ❽ (こ) jacket [dʒǽkit] ジャケット ／ ❾ (お) computer [kəmpjúːtər] コンピュータ ／ ❿ (き) radio [réidiòu] ラジオ